Für Prof. Dr. Michael Seiler,
den langjährigen Vorsitzenden
der Pückler Gesellschaft e. V.,
zum 80. Geburtstag

Gerd-Helge Vogel

CATHAI UND NIPPON IM GARTEN ODER AUF DER SUCHE NACH GLÜCK

Anmerkungen zur Assoziationsästhetik chinoiser Architekturen in der sächsischen und thüringischen Gartenkunst des 18. Jahrhunderts

DONATUS

Bibliografische Information der Deutschen Nationalbibliothek:
Die Deutsche Nationalbibliothek verzeichnet diese Publikation in der Deutschen Nationalbibliografie; detaillierte bibliografische Daten sind im Internet über www.dnb.de abrufbar.

Impressum

Umschlag: spitzenton.design
Titelbild: Carl Benjamin Schwarz (1757–1813) nach J. B. Klein: Der Japanische Pavillon im Hermann'schen oder Richter'schen Garten in Leipzig, kolorierte Radierung, 1784.
Verlag: Donatus-Verlag, Niederjahna
Herstellung: Books on demand, BOD Norderstedt
ISBN: 978-3-946710-31-8

Inhaltsverzeichnis

Abb. 1: Nicolas de Largillière (1656–1746): Porträt des französischen Aufklärers und Philosophen François-Marie Arouet (1694–1778), bekannt als Voltaire, Ölgemälde, 1724 oder 1725.

„Jeder Mensch kommt mit einer sehr großen Sehnsucht nach Herrschaft, Reichtum und Vergnügen sowie mit einem starken Hang zum Nichtstun auf die Welt.“

Voltaire[1]

Eine barocke Idee: Die Sehnsucht nach Glück und ihre Befriedigung in der Gartenkunst

Ein dem Menschen immanentes Wesen ist die Sehnsucht nach Glück. In hohem Maße bestimmt sie sowohl seine Ideale als auch die Triebkräfte seines Handelns. Oft ausgedrückt in den irrationalen Vorstellungen von einer schlaraffenlandartigen Welt, egal ob sie als Paradies, Elysium oder Utopie bezeichnet wird, bestimmt sie in der Menschheitsgeschichte wesentliche Aspekte der religiösen Überzeugungen, mythologischen Metaphern, philosophischen Theorien und anderen kulturellen Äußerungen als Ausdruck gesellschaftlichen wie individuellen Glücksverlangens. Dass dabei die Definition von Glück recht unterschiedlich, ja mitunter gegensätzlich ausfällt, liegt in der Natur der Sache. Für die einen ist die Sehnsucht nach Glück verbunden mit Macht, Reichtum, Ruhm und Genuss, für die anderen mit Harmonie, Sorglosigkeit, Frieden und erfülltem Schöpfertum. Je nach Blickwinkel und sozialer Position des Betrachters wird in erster Linie das Glück des Einzelnen oder das der Gesellschaft in den Vordergrund gestellt, wobei das Einzelglück durchaus in das der Masse überzugehen vermag.

Überdies erfüllt sich die uralte menschliche Hoffnung auf Glück auch in unterschiedlichen Zeiten und Räumen: die einen verorten sie wirklichkeitsnah im Hier und Heute, die anderen suchen sie im Jenseits oder utopisch fernen Welten. Wie auch immer, die große menschliche Sehnsucht nach Glück resultiert aus deren Gegenteil: aus den Erfahrungen der Welt, so wie sie ist, mit ihrem Elend, Armut, Krankheit, Unglück, Ungerechtigkeit und zahllosen Enttäuschungen. Der Wunsch, diese traurigen Erfahrungen der Realität des irdischen Jammertals zu überwinden, spornt hoffnungsvoll die menschliche Phantasie an und erzeugt utopische

1 VOLTAIRE 1984, S. 172-173 (Lemma: Gleichheit).

Traumbilder in den unterschiedlichsten Ausdrucksformen. Dabei werden diese Wunschbilder entweder von pessimistischer Weltflucht oder vom optimistischen Verlangen geprägt, schon hier auf Erden das Himmelreich zu errichten. Gleichgültig, ob dabei das Konzept der Hoffnung auf eine Besserung der Welt oder auf den Rückzug aus irdischer Verderbnis gerichtet ist, immer verbinden sich diese Sehnsüchte mit Kritik an der Wirklichkeit, indem sie die neuen Ideale als Gegenentwurf formulieren, der den utopischen Anspruch erhebt, Lösungswege aus den Gebrechen der Gegenwart zu weisen oder wenigstens über die Einbildungskraft die Realität vergessen zu lassen.

Die über drei große Hauptperioden etwa von 1670 bis nach 1820 sich hinziehende Chinamode in Europa nutzte den durch gewachsenen Überseehandel und Missionsberichte gewonnenen Kenntnisstand über die fremden, fernen Kulturen Ostasiens als ein willkommenes Instrument utopischer Glücksprojektionen auf eine exotische Welt. Über die unmittelbare Aneignung von Zeugnissen der Kunst und Kultur gewannen die utopischen Dimensionen dieser Vorstellungen einen neuen Realitätswert, der geeignet erschien, als Gegenwelt zum Bestehenden, mit dem man unzufrieden war, zu fungieren. Mithin galten Cathai und Nippon – das alte China und Japan – in den Augen der Europäer als Inbegriff irdischen Glücks. Der Wunsch, daran zu partizipieren, war Anlass genug, diese exotische Welt in Gestalt vielfältigster Chinoiserien nachzuahmen. Dabei lassen sich für die Imitationen Ostasiens in der Kultur des spätfeudalen Europas drei Entwicklungsstadien[2] unterscheiden, an denen sowohl der Wandel in der Beurteilung ostasiatischer Glücksutopien ablesbar wird, als auch die Veränderungen innerhalb der sozialen Strukturen der europäischen Feudalstaaten.

Die erste Phase der chinoisen Ostasienutopie in Europa (1670–1720), die in den einzelnen Staaten mitunter beträchtliche Phasenverschiebungen und Überschneidungen aufweist,[3] stimmt mit der Blütezeit des Absolutismus überein und sucht entsprechend das Glück im Glück des Einzelnen, vor allem des Herrschers, der sich als Reprä-

2 YAMADA 1935. Yamada unterscheidet folgende Perioden der europäischen Chinoiserie: 1650-1715 eine treu imitierende Periode; 1715-1730 eine Periode der deutschen Chinoiserie; 1730-1770 die Rokokochinoiserien in Deutschland und 1750-1770 in Frankreich sowie die Periode der romantischen Chinoiserie 1750-1800 in England und 1770-1800 auf dem Kontinent.

3 Vgl. Erich Köllermann: Chinoiserie, in: SCHMIDT 1954, Spalte 439-481.

Abb. 2: Adam Perelle (1640-1695): Vue en perspective de Trianon de Porcelaine du côté du Jardin (Ansicht von der Gartenseite), Kupferstich, ca. 1680/84.

sentant des Staates, ja als der Staat selbst verstand. Im Ausspruch Ludwig XIV. „*L' etat cest moi*" gipfelt diese Überzeugung, die sich viele Potentaten zu eigen machten. In dieser Phase lag der Schwerpunkt der Chinoiserien zunächst noch auf dem Kopieren von ostasiatischen Dekorationsmustern vor allem im Bereich der angewandten Künste, ausgehend von Seidenwebereien über Lackarbeiten bis hin zu Fayencen; chinoise Architekturen und Gartenbilder selbst blieben – wie die Beispiele des Trianon de Porcelaine (Abb. 2)[4] oder der Pagode vom Ensemble des Parnass in Salzdahlum (Abb. 6)[5] lehren – noch die seltene Ausnahme, fanden allenfalls in Gestalt prachtvoller Innenraumdekorationen (Abb. 7) ihren Niederschlag.

Für diese Phase findet sich in Sachsen ein frühes Beispiel der aufkommenden Chinamode außerhalb des Dresdner Hofes in der Deckenmalerei des Gutshauses zu Niederjahna. Hier hatte der sächsische Kammerherr Hans Dietrich von Miltitz (1631–1697) zusammen mit seiner zweiten Gemahlin Ursula Perpetua Pflug (1640–1709) um 1691 – im Zuge einer Modernisierung des Anwesens - kurz nach dem

4 Zum Beispiel wurde 1670 mit der Errichtung des Trianon de Porcellain für die Maitresse Ludwig XIV., Madame des Montespan, und dessen Ausstattung mit aufwendigen Fayencen der Versuch unternommen, in Konkurrenz zum berühmten Porzellanturm in Nanking zu treten, von dem zahlreiche Gesandtschaftsberichte Kunde vermittelt hatten. Vgl.: NOLHAC 1927; - MARIE 1968, S. 197-225; - KRAUSE 1996, S. 62-65; - NEUMANN 2010.

5 Vgl. VOGEL 2010, S. 16-17.

Abb. 3 und 4: Ausschnitte aus der Deckenmalerei im Herrenhaus Niederjahna.

Erwerb des Gutsbesitzes in einem der Privaträume in der zweiten Etage chinoise Landschaftsszenen auf die Holzbalkendecke malen lassen (Abb. 3-5).[6] Der unbekannt gebliebene, lokale Künstler orientierte sich dabei mutmaßlich bei den monumentalen Pflanzendarstellungen an den Illustrationen, die in der *„Flora sinensis, ..., Wien 1656“* des polnischen Jesuitenmissionars Michael (Michał Piotr) Boym (um 1612–1659) unter Weglassung der vergrößerten Früchte zu finden sind. Diese Früchtedarstellungen ersetzte er durch skizzenhafte chinesische Landschaftsszenen, die er in den Illustrationen der zeitgenössischen Reisebeschreibungen von Johan Neuhof („Die Gesandtschafft der Oost Indischen Compagneÿ in den Vereinigten Niederländern an den Grossen Tartarischen Cham und nunmehr auch Sinesischen Keÿser, [...]“, Amsterdam 1666), Olfert Dappert (Gedenkwürdige Verrichtung der niederländischen Ost-Indischen Gesellschaft in dem Käiserreich Taising oder Sina, [...], Amsterdam 1676), oder in Athansius Kirchners kompilierten Kompendium („China illustrata, Amsterdam 1667) u. a. China-Publikationen fand.

In der zweiten Phase der Rezeption ostasiatischer Bildmuster (ca. 1720–1760) kündigt sich bereits deutlich ein Paradigmenwechsel im Anspruch und der Hoffnung auf Glück an. Dank des inzwischen

6 Vgl. DONATH 2017, beson. S. 363, S. 371-372.

Abb. 5: Chinesische Decke im Herrenhaus Niederjahna.

eingetretenen Machtzuwachses bürgerlicher Kräfte läuterte sich allmählich das System des Absolutismus zu einem aufgeklärten Absolutismus. Jetzt wurde der Glücksanspruch nicht mehr nur für den Einzelnen, den aus den Volksmassen herausragenden Herrscher erhoben, sondern für die Gesellschaft insgesamt. Ziel war nunmehr die Menschlichkeit des Menschen, die sich allein in der harmonischen

Abb. 6: Peter Schenck nach J. J. Müller: Parnass mit Pagode in Salzdahlum, Kupferstich, um 1710.

Gemeinschaft der Masse erfüllen konnte. Vorstellungen von Konfuzius, der chinesischen Variante des Humanismus, verknüpften sich nun mit dem europäischen Aufklärungshumanismus,[7] denn *„die eigenen Leute froh und glücklich machen, so daß Fremde angezogen werden"*[8] verstand sich zumindest als theoretische Prämisse der Herrschaftsethik eines aufgeklärten Monarchen. In dieser Phase wurden die Chinoiserien von geistreichen, phantastischen Launen geprägt, die das Bizarre, Außergewöhnliche, Kuriose bevorzugte, wobei oft ein ironischer Unterton das im exotischen Gewand sich äußernde Streben nach Glück begleitete. Für diese Phase finden sich mehrere Exempel in Sachsen, so etwa im Berg- und Wasserpalais zu Pillnitz, in der Voliere zu Hermsdorf oder im Japanischen Palais zu Dresden.
Der Übergang zur letzten Phase der europäischen Chinoiserien (1760–1820) ging abermals mit einer Verschiebung des Kräfteverhältnisses innerhalb der Gesellschaft zugunsten des Bürgertums einher. Nüchterner bürgerlicher Rationalismus verwarf zunehmend die Phantastik des rokokohaften Ostasienbildes und machte einer kritischen Beur-

7 Vgl. VOGEL 1996A.
8 MORITZ 1982, S. 103; - vgl. auch: VOLTAIRE 1984, S. 173.

Abb. 7: Chinesisches Zimmer im Westflügel des Dresdner Schlosses, Postkarte 1920.

teilung Platz, die auch die Schattenseiten der vermeintlichen Wunschwelt Ostasiens offenlegte. Exaktes ethnographisches Bewusstsein auf der einen Seite und die beobachtete enge Verbindung der Ostasiaten mit der Natur auf der anderen, bestimmten nun das Bild der Europäer von den Wunschwelten Chinas und Japans. Die Sehnsucht nach Glück basierte inzwischen auf genauerem Wissen um kulturelle und künstlerische Sachverhalte und verknüpfte sich entweder mit romantischem Fernweh oder mit imaginärer Flucht in ein durch ostasiatische Erfahrungen aufgewertetes poetisierendes Landschaftserleben. Dem entsprach einerseits die Forderung nach exakter ethnographischer Treue in der Rezeption fernöstlicher Vorbilder und andererseits die stimmungshaften Landschaftsszenerien einer fernöstlichen Mustern folgenden idealisierten Garten-Natur, in der das sich jetzt selbst begreifende Individuum das Glück im Kleinen und Nahen über die Assoziationen vom Fernen, Fremden und Großen der wunschbildhaften Imaginationen Chinas und Japans fand. Parallel dazu spielte auch die Verbreitung der Freimaurerei eine nicht zu unterschätzenden Rolle mit ihrer symbolbeladenen Vorstellung von »*ex oriente lux*« des aus dem Osten kommenden Lichts der Aufklärung in Gestalt der humanistischen Weisheitslehren fernöstlicher Philosophen, die sich in der Symbolkraft des »*ewigen Ostens*« manifestiert, in der die Sehnsucht nach weiser, gerechter Regierung durch den aufgeklärten, erleuchteten, pflichtbewussten Philosophenherrscher ihren Ausdruck fand.[9] „*Als Land des Glücks, aus dem alles Licht kommt und in dem alle Bewohner sich größter Zufriedenheit unter einer weisen Herrschaft erfreuen, bildet assoziationsbeladen den östlichen Gegenpol zum Ort der Elysischen Felder im Westen, wo ebenfalls dessen Bewohner unter dem Zepter des Kronos ewige Glückseligkeit genießen. In beiden manifestieren sich Gedankenbilder eines irdischen Paradieses, das einerseits die Gegenwart angenehmer werden lässt, zugleich aber auch auf einen locus amoenus im jenseitigen Reich des Todes verweist, in dem durch den Zyklus der Zeit die Wiederkunft eines Goldenen Zeitalters anbrechen wird.*“[10]

9 Vgl. VOGEL 2019, S. 97-112.
10 VOGEL 2019, S. 112.

Chinoise Architekturen in Kursachsen

Das Augusteische Zeitalter (1694–1763)

Im Jahre 1694 brach nach dem unerwarteten Tod des Kurfürsten Johann Georg IV. und dem damit verbundenen Regierungsantritt von dessen jüngerem Bruder, Friedrich August I. (1670–1733) (Abb. 8), in Sachsen eine neue Ära an, die als „Augusteisches Zeitalter" bis zur Beendigung des Siebenjährigen Krieges den *„Höhepunkt und Niedergang der Geschichte im Spätfeudalismus"*[11] bezeichnet. In jener Epoche gelang es dem später als *„August der Starke"* genannten Kurfürsten und König von Polen den Absolutismus als seinerzeit modernsten Herrschaftsform zum Durchbruch zu verhelfen, obgleich er nicht vermochte, die Macht der Stände vollkommen zu brechen. Mit seiner Herrschaft und der seines Sohnes, Kurfürst Friedrich August II., als König von Polen August III. (Abb. 9), verbindet sich für die sächsische Kunst und Kultur eine ungeheure Blütezeit, deren sprichwörtlich gewordener Glanz bis heute noch nicht verblasste, obwohl die gesamte Epoche mit ihren gravierenden Widersprüchen im geschichtlichen Rückblick recht zwiespältig beurteilt wird, weil sich Elemente absolutistischer Regierungsgewalt mit der ihr eigenen Verschwendungssucht und anderen feudalen Missständen neben Erscheinungen eines zaghaft sich Bahn brechenden bürgerlichen Rationalismus finden, die in Handel, Gewerbe und Wissenschaften dem Lande trotz aufwendigster Hofhaltung zu Prosperität und Ansehen verhalfen. Insofern vermengen sich im „Augusteischen Zeitalter" in Sachsen auf dem Gebiet der Chinoiserie die erste mit der zweiten Phase, wobei sich fließende Übergänge von der einen zur anderen zeigen.
Obwohl Kursachsen, das einstige Musterland frühkapitalistischer Entwicklung in Europa, im Dreißigjährigen Krieg zweifellos zu den am schlimmsten heimgesuchten Territorien Deutschlands gehörte, vermochte sich das Land relativ rasch von seinen Verheerungen zu erholen.[12] Ein ziemlich schnelles Aufblühen von Handel und Wandel in der Region sorgten dafür, dass die in der Renaissance erreichte

11 CZOK 1989A, S. 249.
12 Vgl. KÖTZSCHKE/KRETZSCHMAR 1995, S. 256-257.

Abb. 8: Louis de Silvestre (1675–1760): Portrait des sächsischen Kurfürsten und polnischen Königs August des Starken (1670-1733), Ölgemälde, 1723.

politische und wirtschaftliche Vorrangstellung weitgehend zurückerobert werden konnte, ungeachtet sich allerdings der Vorsprung zu den anderen deutschen Staaten verringerte. Der wirtschaftliche Aufschwung, der, abgesehen von gelegentlichen Rückschlägen, besonders seit dem letzten Jahrzehnt des 17. Jahrhunderts in Sachsen zu spüren war, schuf mit gesteigertem Handel und Manufakturwesen die Grundlage einer merkantilistischen Wirtschaftsführung, die einerseits der Stärkung der absolutistischen Bestrebungen des Herrschers diente, andererseits den bürgerlichen Kräften zugleich größeren Spielraum zugestand. Insofern zeigten sich im „Augusteischen Zeitalter“ neben den deutlichen Anzeichen des absolutistischen Systems im Herrschaftsgefüge bereits auch Tendenzen der Frühaufklärung, die langfristig auf eine behutsame Reform von Staat und Gesellschaft im Sinne des aufgeklärten Absolutismus abzielten.[13] Von daher erklärt sich gegenüber Frankreich, dem Musterland absolutistischer Herrschaftsform in Europa, eine gewisse Modifikation und Phasenverschiebung im Auftreten der Chinoiserie und den damit sich verknüpfenden Assoziationen der Sehnsucht nach Hoffnung und Glück.

Abb. 9: Louis de Silvestre (1675-1760): August III. als König von Polen (1696–1763), Ölgemälde.

Am 19. Mai 1687 begab sich der gerade siebzehnjährige Friedrich August Herzog zu Sachsen auf Kavalierstour, die ihn u.a. auch an den Hof König Ludwig XIV. (1638–1715) (Abb. 10) nach Paris und Versailles führte.[14] Zwar ist nicht anzunehmen, dass er auf dieser Reise noch Gelegenheit fand, das gerade im Abbruch sich befindende Trianon de porcelaine (vgl. Abb. 2 und 11) zu besichtigen, jenen ersten chinoisen Gartenbau Europas, den der Sonnenkönig

13 Vgl. CZOK 1987, S. 272-273.
14 Vgl. CZOK 1989B, S. 28-32.

Abb. 10: Hyacinthe Rigaud (1659–1743): Porträt Ludwig XIV. im Krönungsornat, Ölgemälde, 1701.

Abb. 11: Adam Perelle (1640–1695): Vue en perspective de Trianon de Porcelaine et de ses parterres (Ansicht von der Hofseite), Kupferstich, ca. 1680/84.

bereits 1670 vom Architekten Louis Le Vau (1612–1670) für seine Mätresse, François-Athenaïs de Rouchechouart-Mortemart, Marquise de Montespan (1640–1707) (Abb. 12), hatte errichten lassen. Dieses kleine Lustschloss wurde zum Prototyp nachfolgender Gartenarchitekturen. Als kleine „*maison de pleisance*" griff der Architekt hier „*zum ersten Male die gelöste Bauweise der Wohnpavillons*"[15] auf, dessen chinoises Image sich lediglich aus seiner exotischen Verkleidung von blauen und weißen Fayencekacheln ableitete. In Ermangelung echter ostasiatischer Porzellane dienten diese Fayencen dazu, den anspruchsvollen Vergleich mit den in Missions- und Gesandtschaftsberichten als achtem Weltwunder gerühmten Porzellantürmen von Nanking (Abb. 13) bzw. Lincing (Abb. 14) in der Provinz Xantung[16] herauszufordern, wobei sich nachdrücklich die Vorstellung von Glück mit dieser Art Gebäude verband: „*Deze is een van die to-*

15 GOTHEIN 1926, S. 162-164. Vgl. auch: NEUMANN 2010, S. 75-81.

16 Veraltet: Schantung, heute: Shandong, Provinz an der chinesischen Ostküste. Der veraltete Name Lincing ließ sich bislang noch nicht mit seiner heutigen Namensnennung identifizieren.

Abb. 12: Caspar Netscher (1639–1684): Porträt der Madame de Montespan (?), Öl auf Kupfer, 1670.

rens, die gelijk ik gezegt heb, van de Sinezen uit waangeloof gesticht zijn, vermits zy menen dat hun geluk en voorspoet daar in bestaat."[17]

Dieses unbedingte Streben nach Glück, das am Hofe des Sonnenkönigs gleichzusetzen war mit dem Bedürfnis nach Prachtentfaltung, nach Repräsentation von Macht und Reichtum, war es in erster Linie, was den jugendlichen August an Ludwigs Herrschaftsform faszinierte und ihn veranlasste, ihm in vielen Punkten nachzustreben.

Infolgedessen wirkten die auf der Kavalierstour gewonnenen Eindrücke besonders von Versailles und Venedig als wichtige Inspirationsquellen für das herrscherliche Selbstverständnis des jungen August des Starken, die später in den glanzvollen Festen und Prachtbauten ihre spezifisch sächsische Umsetzung erfahren sollten. Ähnlich wie beim „roi de soleil" waren auch beim Wettiner Fürsten „*Vergnügungssucht und Ehrgeiz* [...] *die ihn beherrschenden Leidenschaften*"[18] und Triebkräfte in der ewigen Suche nach Glück, wobei sich das absolutistische Glücksverlangen in unterschiedlichsten Ausdrucksformen Geltung verschaffte.

---

17 KIRCHER 1668, S. 166 („Dieses ist einer der Türme, die, wie ich gesagt habe, von den Chinesen aus wahnhaftem Glauben (Aberglauben) gestiftet wurden, weil sie meinen, dass ihr Glück und ihre Wohlfahrt darin besteht". Übersetzung GHV).

18 Jakob Heinrich Graf von Flemming (1767-1728) im Urteil über den Kurfürst-König August dem Starken im Jahre 1722. In: Staatsarchiv Dresden. Loc. 355, Vol. II. zitiert nach: CZOK 1987, S. 270.

Abb. 13: Der Porzellanturm zu Nanking, Kupferstich, 1665.

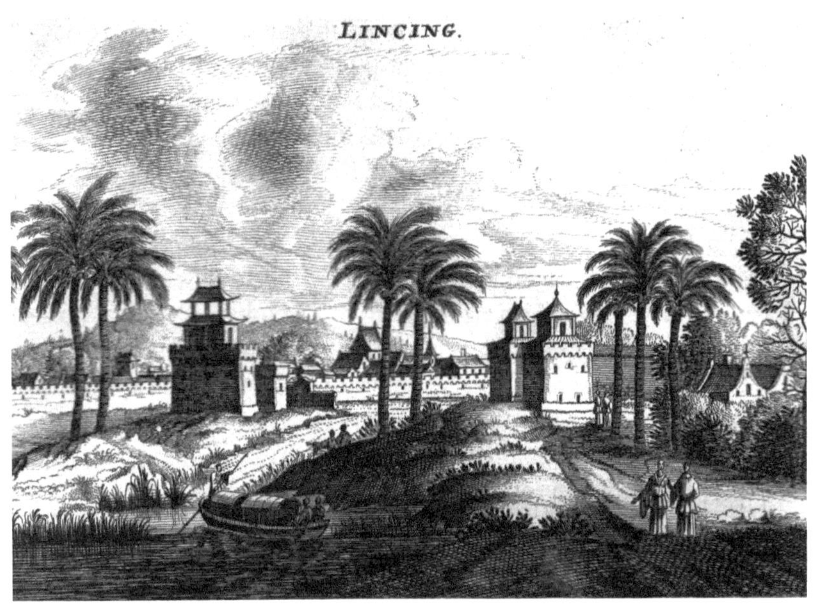

Abb. 14: Ansicht von Lincing, Kupferstich, 1668.

Sehnsucht nach Ostasien

Eine der wesentlichsten Ausdrucksformen äußerte sich in der Sehnsucht nach Verwirklichung der utopischen Wunschwelt Ostasiens – die zunächst noch aus Unkenntnis der Zeitgenossen zumeist in synonymer Gleichsetzung von China und Japan als „*indianisch*" bezeichnet wurde. In dieser Hinsicht hatten sowohl die zunehmenden Importe von Porzellanen, Lackschnitzereien, Seiden und anderen Kostbarkeiten fernöstlicher Kulturgüter das positive Image von den Reichen der Mitte und der aufgehenden Sonne geprägt als auch die Reise-, Gesandtschafts- und Missionarsberichte, die die Strukturen dieser exotischen Gesellschaften mit irdischen Paradiesen verglichen. Neben dem sagenhaften Reichtum und der sprichwörtlichen Pracht der Hofhaltung der Kaiser von China und Japan[19] faszinierte die Europäer, namentlich August den Starken, der nach den Prinzipien einer absoluten Monarchie geregelte hierarchische Aufbau der Gesellschaft dieser ostasiatischen Staaten, deren kulturelle Errungenschaften deshalb der Nachahmung für würdig befunden wurden: „[...] *Ueber alle solche Länder herrschet er* [der König von China – Anm. d. Verf.] */ als ein absoluter Monarch: und wird billich als ein Groß-König / oder Kayser / getituliert / in Ansehung der andren Könige / die seine Vasallen: derer Macht und Gewalt solcher Gestalt beschnitten / daß ihnen nur gewisse Einkünfften gelassen / die übrige Gefalle aber dem Kayserlichen Schatzkasten beygetragen Werden.*"[20]

Ähnlich fiel das Urteil über die Machtposition des japanischen Kaisers aus: „[...] *Die Majestät von Japan wird* / [...] */ Kayser tituliert. Ist ein absoluter Herr / welcher Macht hat / große Könige und Herren / oft um geringer Ursachen willen / aus ihren Ländern und Gütern* [zu] *vertreiben.*"[21]

August der Starke, ausgestattet mit der Funktion des Reichsverwesers oder Vicarii imperii, war politisch und kulturell ambitioniert genug, seiner gehobenen Bedeutung unter den europäischen Fürsten sowohl durch die Übernahme der polnischen Königskrone (1697) als auch dem Erstreben der Krone des Heiligen Römischen Reiches, vor allem in Gestalt „*sprechender architektonischer*

19 Z.B.: FRANCISCI 1668, S. 1492.
20 FRANCISCI 1668, S. 1583.
21 FRANCISCI 1668, S. 1483.

Formen" Geltung zu verschaffen. Nachhaltig wirkten dabei das französische Sonnenkönigtum wie die fernöstlichen Herrscher als Vorbilder in der Errichtung ehrgeiziger Architekturensembles, die seinen dynastischen Machthunger und sein genussreiches Glücksverlangen demonstrieren sollten. Hierbei interessieren uns allerdings nur jene Bereiche, die unmittelbar mit dem Bild fernöstlicher Idealwelten in Verbindung stehen.

Ostasiatische Sammlungen

Die Anfänge jenem Glücksverlangen Ausdruck gebenden Chinoiserien finden sich in der Dresdener Hofkultur zunächst in der Sammelleidenschaft kunsthandwerklicher Gegenstände, vor allem aber in den schieren Unmengen an wertvollsten Porzellanen aus Fernost. Ihnen den rechten architektonischen Rahmen zu geben, wurde um 1718/19 im Residenzschloss extra ein Chinesisches Zimmer (vgl. Abb. 7) ausgestaltet, dessen vordergründige Absicht in der Zurschaustellung herrscherlichen Reichtums bestand. Seinerzeit galt der Besitz seltener Preziosen und kostbarer Luxusgüter aus Fernost durchaus als Kriterium, nach dem sich Macht, Bedeutung und Reichtum eines Potentaten einschätzen ließ und so wetteiferten die europäischen Fürsten gerade auf diesem Gebiet der Repräsentation recht lebhaft miteinander, um mit Hilfe der verschwenderischen Fülle an exotischen Kostbarkeiten ihre reale oder auch nur vermeintliche Machtposition zur Schau zu stellen.[22] Chinoise Exotica dienten der Imagebildung europäischer Fürsten meist mit dem Anspruch, eine vergleichbare Machtfülle, Wohlhabenheit und Glück wie die Kaiser von China, Japan und Indien zu besitzen, weshalb die Einrichtung „Chinesischer Kammern" in den Residenzen absolutistischer Herrscher nahezu als unverzichtbar betrachtet wurde.

Im Gegensatz zu den Kurfürsten von Brandenburg oder Bayern, hatte August der Starke relativ spät damit begonnen, seine Porzellanschätze innerhalb des Residenzschlosses in einer repräsentativen Aufstellung museal zu ordnen. Erst um 1718 wurde Zacha-

22 Bedeutsames Indiz dafür ist die Einrichtung entsprechend umfangreicher Porzellansammlungen in den Residenzschlössern europäischer Fürstenhöfe (z. B. 1660/63 bzw. 1680/95 in Schloss Oranienburg, 1695 ein Chinesisches Zimmer als Teekabinett im Berliner Schloss, 1700 in den Schlössern zu München und Bamberg, 1705/08 im Schloss zu Berlin-Charlottenburg usf.).

Abb. 15: Johann Melchior Dinglinger (1664–1731): Der Hofstaat zu Dehli am Geburtstag des Großmoguls Aureng-Zeb, Tafelaufsatz, 1701–1708.

rias Longuelune (1669–1748) damit beauftragt, das Turmzimmer im zweiten Obergeschoss des Hausmannsturmes der Dresdener Residenz zum Teil chinois umzugestalten[23], gewissermaßen als Vorwegnahme des Japanischen Palais im Sinne eines Porzellanschlosses[24] zur Präsentation der kostbaren Porzellanschätze unterschiedlichster Herstellung.

Die wohl pompöseste Bildformulierung für diesen Anspruch auf in Wohlhabenheit und Macht sich äußerndes Glück des Staatsoberhaupts – die zugleich damit das Ideal eines vollkommenen absolutistischen Regiments mit fernöstlichem Hofleben verknüpfte – ließ August der Starke 1701–1708 von seinem Hofjuwelier Johann Melchior Dinglinger (1664–1731) fertigen. Es handelt sich um einen aus Gold, Silber, Edelsteinen und Email gefertigten Tafelaufsatz, der den Hofstaat zu Dehli am Geburtstag des Großmoguls Aureng-Zeb (Abb. 15) zum Programm erhob.[25] Aureng-Zeb, der Begründer der Dynastie indischer Mogulkaiser, der von 1658 bis 1707 regierte, galt dank seines Reichtums und seiner Machtfülle

23 Vgl. LÖFFLER 1989, S. 149, 170-171.

24 Als erstes deutsches Porzellanschloss gilt Schloss Favorite bei Rastatt, das 1711eigens zur Aufnahme einer umfangreichen Porzellansammlung errichtet wurde.

25 Vgl. MENZHAUSEN 1965.

den damaligen Europäern als Sinnbild eines perfekten Absolutismus: „*Anbey ist die übergroße Macht dieses Beherrschers / wie auch sein unermeßlicher Reichthum zu betrachten /*",[26] die ihm uneingeschränkte Gewalt über seine Untertanen garantierte. Die Faszination und Vorbildwirkung, die für den ehrgeizigen August dem Starken von solcher exotischer Herrschergestalt ausging, fand auf diese Weise im prunkvollen „Zauberwerk" Dinglingers ihren Niederschlag. Charakteristisch für die damals noch verschwommene Kenntnis über die wahren Verhältnisse in Asien ist die Tatsache, dass auf phantastische Weise Formenelemente der indischen Kultur mit jenen aus China, Japan und dem europäischen Barock zu einem exotisch wirkenden "indianischen" Stil vermischt wurden, der zunächst generell die Gestaltungsweise der Chinoiserien in Kunsthandwerk und Architektur bestimmen sollte.

Schloss und Park Pillnitz

Das erste chinoise Bauensemble in Sachsen, das Kurfürst Friedrich August I. seit 1720 von seinem Oberlandbaumeister Matthäus Daniel Pöppelmann (1662–1736) in Pillnitz errichten ließ, ist in seiner Entstehung wohl nicht zuletzt auch aus der politischen Konkurrenzsituation erwachsen, die zwischen dem sächsischen Kurfürsten und dem ehemaligen Wojewoden von Poznań, Stanisław Bogusław Leszczyński (1677–1766) um die polnische Königskrone bestand. Unter dem Schutze Karls XII. von Schweden hatten schon im Frühjahr 1704 die Gegner Augusts II. Leszczyński auf den polnischen Thron gehoben, um August den Starken davon zu verdrängen. Zwar brauchte August II. erst 1706, im erniedrigenden Frieden von Altranstädt, vorübergehend zugunsten Leszczyńskis auf den polnischen Thron zu verzichten, doch der Rivalität zwischen beiden Kontrahenten war damit nicht nur im politischen Bereich Nahrung gegeben. Auch als es August II. 1709 gelang, seine Ansprüche auf den polnischen Thron durchzusetzen, hatte, wie es der polnische Erbfolgekrieg von 1733 bis 1735 zeigt, das Kräftemessen zwischen dem Sachsen und dem Polen noch kein Ende. Bereits 1714 bis 1718 musste Leszczyński

26 Anonym, nach François Berniers Bericht in dem 1676 in Nürnberg von Wolfgang Moritz Endter herausgegebenen Band: „Asiatische und Africanische Denckwürdigkeiten dieser Zeit". Zitiert nach: MENZHAUSEN 1965, S. 14.

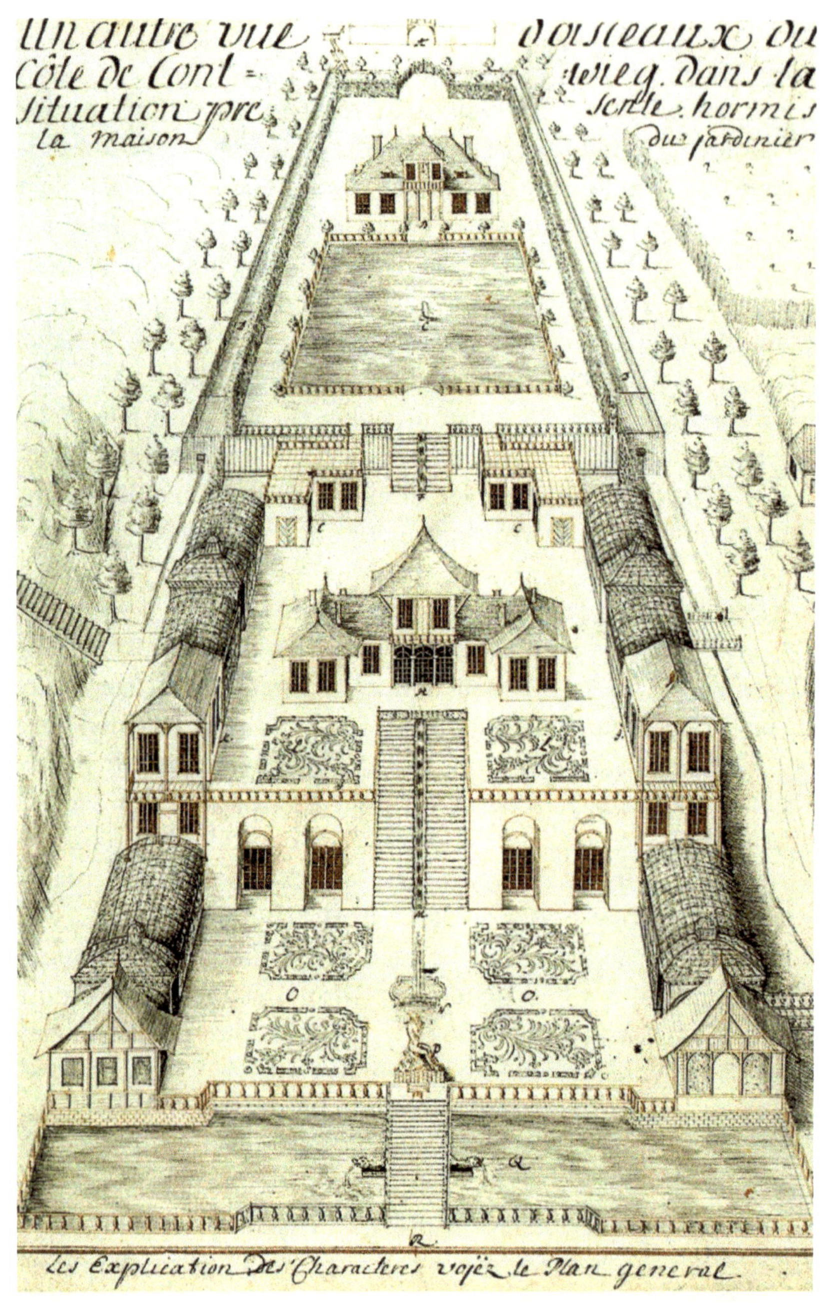

Abb. 16: Jean François Duchesnois (1727–1729 in Zweibrücken tätig): Das Lustschloss Tschifflik des Königs Stanislaus I. Leszczyński von Polen bei Zweibrücken aus der Vogelperspektive, Tusche und Sepia, um 1730,

Abb. 17: Jean François Duchesnois (1727–1729 in Zweibrücken tätig): Plan et perspective de Schifflique, Tusche und Sepia, um 1730.

unter dem Schutz seines schwedischen Gönners, Karl XII., der gleichzeitig Herzog von Pfalz-Zweibrücken war, Asyl in Zweibrücken nehmen, was Anlass war, diese Residenz gebührend auszubauen. So wurde 1716 vom schwedischen Architekten Jonas Erikson Sundahl (1678–1762) der Sommersitz Tschifflik (Abb. 16, 17) *„ganz im türkischen Geschmack“*[27] errichtet, um dem neuen sich abzeichnenden Trend exotischer Stilvorgaben nunmehr auch im baukünstlerischen Bereich einen größeren Wirkungskreis zu verschaffen. Die geschweifte Dachform war es vor allen Dingen, mit der die Imagination einer östlichen Glückswelt heraufbeschworen werden sollte. Gleichgültig, ob türkisch, indianisch oder chinesisch bezeichnet, sollte sie dem zunächst im Thronkampf Unterlegenen zumindest über die Imagination das bittere Asylantenleben versüßen helfen. Terrassen, Kaskaden, Teiche, Brunnen und Treppenanlagen wurden in das streng symmetrisch ausgerichtete Architekturensemble einbezogen, um dergestalt mit Laubengängen, Pavillons und Kiosken ein trügerisches Bild von einem scheinbar glücklichen, mächtigen und reichen Herrscher zu zeichnen.

27 LOHMEYER 1937, S. 123; vgl. HOYER 2010.

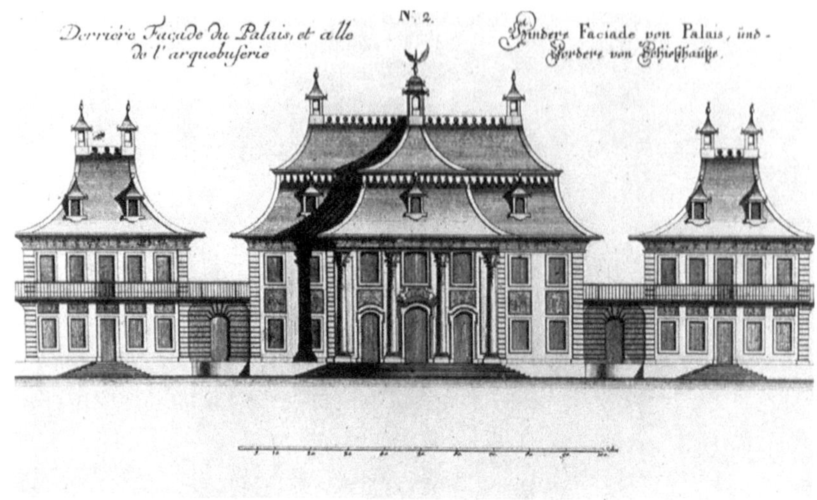

Abb. 18: Alexander Gläßer nach der Zeichnung von Bernhard Christoph Anckermann: Gartenansicht des Bergpalais (hintere Faciade von Palais, und vordere von Schießhauße), um 1730.

In Verbindung mit Festlichkeiten zum fünfzehnjährigen Jubiläum der Wiedereinführung des polnischen Weißen Adlerordens[28] fasste König Friedrich August II. im Zusammenhang mit seinen hochfliegenden politischen Zielen den Plan, in Pillnitz, einige Meilen elbaufwärts vor den Toren der Residenzstadt Dresden gelegen, ebenfalls einen chinoisen Sommersitz zu schaffen. Einige hier bereits vorhandene Bauten sollten zu diesem Zweck zu einem *„indianischen Lustgebäude“* nach *„orientalischer Art“*[29] umgestaltet werden, wobei gegenüber Tschifflik eine gewisse Maßlosigkeit zum Zuge kam. König August II. höchsteigen bestimmte die Planvorgaben für den Schlossbau und die umgebenden Pavillons (Abb. 18), und die gesamte Anlage wuchs um 1720 zum sogenannten *„Großen Plan“* (Abb. 19) aus, dessen Realisierung allerdings nur auf einem – wenn auch noch immer gewaltigen – Teilbereich beschränkt bleiben musste. Terminlich getrieben vom Fest für die Stiftung des Weißen Adlerordens der polnischen Krone, sollte die monumental-prachtvolle Anlage Größe, Macht und Reichtum des polnischen Monarchen und sächsischen Kurfürsten in Gestalt einer chinoisen

28 Um sich in Polen Anhänger zu schaffen, stiftete König August III. den alten, erloschenen polnischen Ritterorden des „Weißen Adlers“ am 1. November 1705 erneut. Vgl. ACKERMANN 1855. S. 93.
29 MINCKWITZ 1893, S. 19.

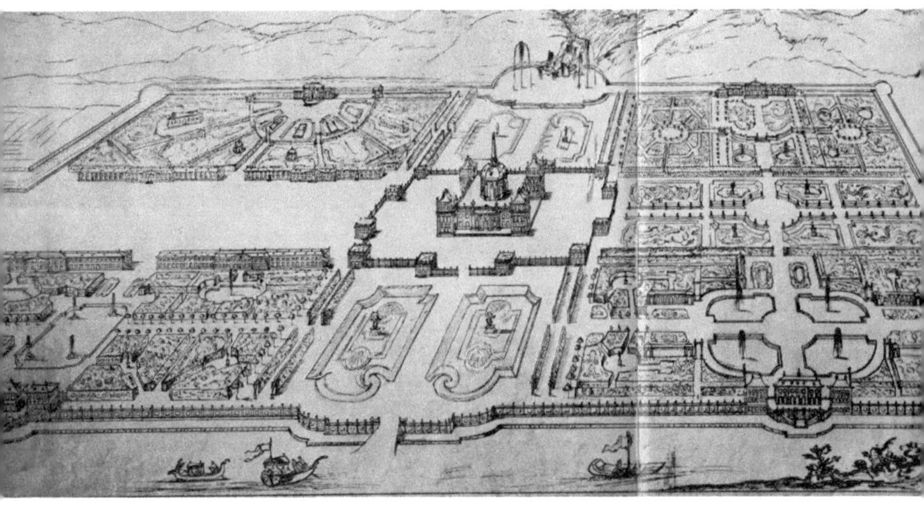

Abb. 19: Vermutlich Matthäus Daniel Pöppelmann (1662–1736): Der „Große Plan" von Pillnitz, Graphitzeichnung, um 1720.

Architekturkulisse symbolhaft unter Beweis stellen. Abgesehen von der Übernahme prinzipieller Strukturen der französischen Schlossbaukunst des Barock, wie sie August der Starke u.a. in Versailles kennengelernt hatte, zeigen sich in der Ursprungsplanung vor allem gestalterische Anklänge an die seinerzeit durch Stiche bekanntgewordenen Kaiserpaläste von Peking (Abb. 20) und Jedo[30] (Abb. 21). Hierzu gehören die regelmäßige Plananlage auf ebenem Grund, die strikte Eingrenzung des Baukomplexes und seine Einteilung in diverse Funktionsbereiche sowie der insgesamt repräsentativ-monumentale Charakter des Gebäudeensembles, die einen prächtigen Rahmen für eine prunkvolle Hofzeremonie bieten. Lässt man diese wohl eher allgemeinen Merkmale außer Acht, hält sich das chinoise Moment in der Rezeption fernöstlicher Baumuster in bescheidenen Grenzen. Das einzige Element, das sich an ostasiatischen Vorgaben orientierte, war das mitunter mehrfach gestufte Schweifdach. Dieser Dachform vor allem oblag es, das Bild idealen absolutistischen Herrschaftsanspruchs in Anlehnung an Architekturtypen in Cathai und Nippon zu erwecken. Freilich leitete sich diese in Pillnitz genutzte Dachform viel weniger von den originalen Vorbildern des

30 Zeitgenössische europäische Bezeichnung für Edo, dem späteren Tokio.

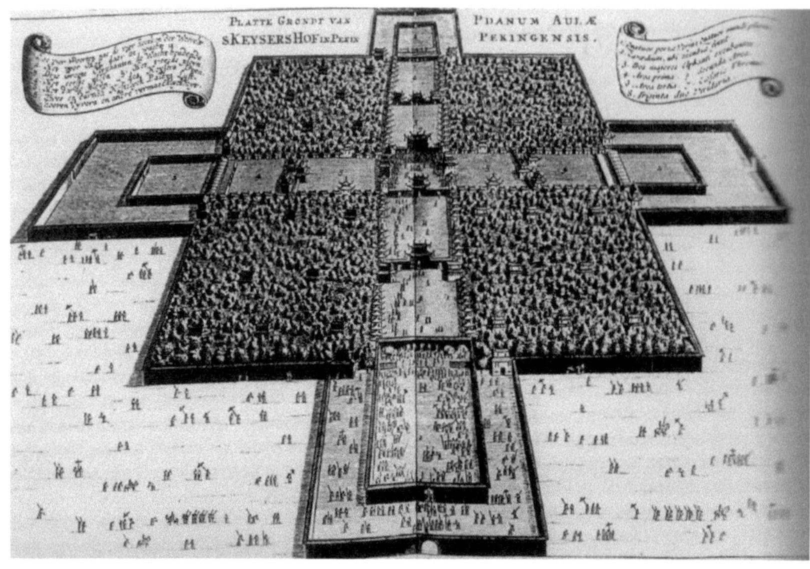

Abb. 20: Ansicht des Grundrisses vom Kaiserpalast in Peking, um 1666.

Fernen Ostens ab, als letztlich vom französischen Mansarddach, dessen geknickte Struktur mit der steilen Neigung im unteren Teil hier statt mit geraden nunmehr mit konkav geschwungenen Sparren ausgestattet wurden, um auf diese Weise eine gewisse optische Ähnlichkeit zu den aufwendigen ostasiatischen Dachkonstruktionen herzustellen. Überdies sollten die den Baukörper und das Dach verbindende Hohlkehlen, die beim Pillnitzer Wasser- und Bergpalais zusätzlich mit chinoisen Grotesken bemalt wurden, den Eindruck exotischer Fremdartigkeit verstärken, damit die beabsichtigte symbolhafte Allegorisierung einer auf einem idealen absolutistischen Machtsystem beruhende fernöstliche Glückswelt gelang. Dem dienten ebenso die bizarren, verspielt und malerisch wirkenden Dachaufbauten, die die Schornsteinköpfe und Firste bekrönen, obgleich sich deren gestalterische Ableitung aus den Kulturen des Fernen Ostens nicht belegen lässt. Lediglich in der Art und Weise, wie Pöppelmann die einzelnen pavillonartigen Gebäudeteile der Pillnitzer Schlossanlage miteinander verband, lässt darauf schließen, dass er sich mit tatsächlichen ostasiatischen Bautypen – vielleicht dem Palast des kaiserlichen Thrones

Abb. 21: `s Keijsers hof te Jedo (Der Kaiserpalast zu Tokio), Kupferstich, 1670.

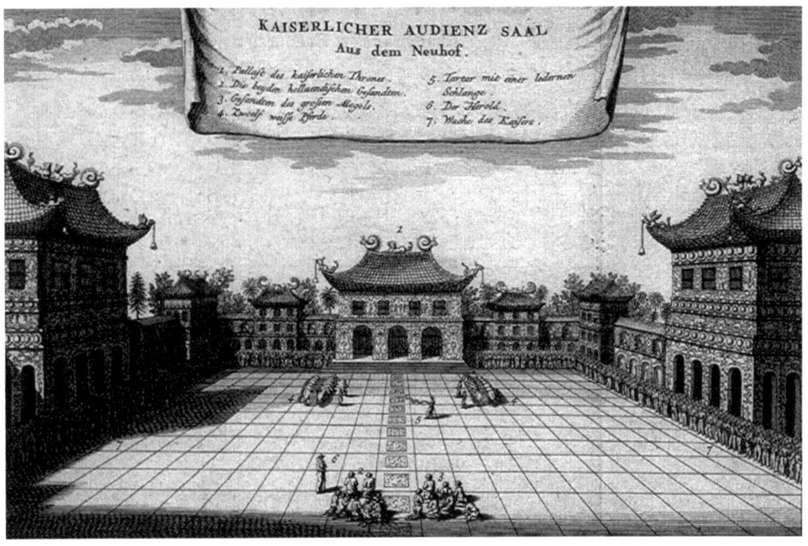

Abb. 22: Ansicht des Kaiserpalastes von Peking, Kupferstich, 1665.

von China (Abb. 22) beschäftigt haben könnte.[31] Doch ungeachtet solch singulärer befruchtender Wirkung durch fremde Anregungen blieb insgesamt die Struktur der monumentalen Baukörper dieser doppelt aufgeführten Schlossanlage von Wasser- und Bergpalais den Stilprinzipien der europäischen Barockarchitektur verpflichtet. In dieser sächsischen Variante war allerdings mit der Errichtung derartig aufwendiger chinoiser Lustgebäude die Evokation einer pittoresken Verwandlung des feudalabsolutistischen Hoflebens in die erträumte Atmosphäre eines exotischen Paradieses verbunden, die hier die Gestalt eines indianisch-chinoisen Arkadiens annahm.[32] Eine, wenn auch oberflächliche Anlehnung an kaiserliche Bauten fernöstlicher Monarchien[33] diente jedoch nicht allein dazu, dem Streben nach Glück einen Rahmen spielerischer Heiterkeit zu geben. Gleichzeitig stand für den ehrgeizigen August II. auch die Demonstration politischer Signifikanz im Vordergrund. Ohnehin erhob er sich als Reichsverweser und König von Polen prominent über die anderen deutschen Fürsten und sein Machtanspruch, möglichst auch das deutsche Kaisertum noch beerben zu wollen, veranlassten ihn, mit der optischen Anlehnung an den Palastbau des kaiserlichen Thrones von China, sowohl die Ebenbürtigkeit wenn nicht gar Superiorität des kaiserlichen deutschen Thronanwärters gegenüber den idealen fernöstlichen Kaiserreichen zu demonstrieren. Stets benutzte August der Starke die Baukunst als ästhetisches Sinn- und Spiegelbild seiner persönlichen Macht(wünsche). Kein anderer europäischer Herrscher folgte ihm im Bereich chinoiser Architekturen an Aufwand, Prachtentfaltung und Monumentalität. Selbstbewusst demonstrierte er seine politischen Ambitionen in „sprechenden Architekturen", deren

31 Vgl. HARTMANN 1981, S. 70-71. Dort Hinweis auf die eventuelle Vorlage von Simon de Vries' Stich vom Palasthof des Kaisers von China nach Johan Neuhof's Gesandtschaft der Ost-Indischen Gesellschaft in den Vereinigten Niederländern an den Tatarischen Chan und nunmehr auch Sinischen Keyser, in der Ausgabe von 1682. ; - Charakteristisch für ostasiatische Bauformen sind das Zusammenfügen von mehreren Gebäuden zu Baugruppen, die gemeinsam eine architektonische Einheit bilden. Der barocke Schlossbau hat aus der fernöstlichen Architektur das Pavillon-Prinzip übernommen, bei dem die Aufgliederung des Baukörpers in einzelne Pavillons erfolgt. Damit wird eine Orientierung an der chinesischen Palastarchitektur oder auch am japanischen Shinden-zukuri-Stil offensichtlich.

32 Weitere Ausführungen zur Baugeschichte, Gestaltung und künstlerischen Zielstellung der Schlossanlage in Pillnitz finden sich außer bei HARTMANN 1981 noch bei: NEIDHARDT 1979; KEMPE 1979, S. 171-223; MAGIRIUS 1989, S. 207-213; WELICH 2015 u.a.m.

33 Vgl. HARTMANN 1981, S. 63-65, 70-74.

Modellcharakter eines idealen Hofstaates die Identifikation mit den unermesslich reichen, mächtigen und auch weisen Herrschern der „fernöstlichen Reiche des Glücks“ herausforderte.
Sukzessive wurde zwischen 1720 und 1725 das Konzept der Pillnitzer Schlossanlage modifiziert und vervollkommnet, um so perfekter den damit verbundenen Ansprüchen gerecht werden zu können.[34] Ausgehend zunächst von bescheidenen Interimsbauten entwickelte sich das Projekt immer stärker in Richtung einer Monumentalanlage, die in ihrem Repräsentationsanspruch betont Elemente der europäischen Barockarchitektur mit einbezog. Egal, ob es die klassizierenden Portiken mit ihren korinthisierenden Säulenkapitellen, die galerieartigen Umgänge oder die Gaupen sind, all diese Architekturelemente aus festem Mauerwerk dienen einer europäisierenden Überhöhung des sonst vordergründig chinois wirkenden Bauensembles. Letztlich sollte damit die Überlegenheit der „Augusteischen Baukunst“ gegenüber den aus Holz gefertigten Vorbildern Ostasiens bekundet werden.

Schloss und Park Hermsdorf

Das in Pillnitz genutzte Motiv des geschweiften Daches mit Hohlkehle und gelb, rotbraun, blaugrau und karmesinrot gemalten Chinesenfiguren fand alsbald in einem einfachen, verputzten Holzbau eine Nachfolge, die im Park von Schloss Hermsdorf bei Dresden als Voliere (Abb. 23)[35] und Point de vue fungierte.
Es lässt sich heute nicht mehr exakt feststellen, ob dieser als würfelförmiger Kubus gestaltete Bau, dessen Zeltdach eine Holzvase bekrönt, bereits um 1720 von Jakob Heinrich Graf von Flemming (1667–1728), dem sächsischen Kabinettsminister, errichtet wurde oder erst von dessen Sohn Adam Friedrich, der nach dem Brande des Hermsdorfer Schlosses 1729 von August dem Starken die Erlaubnis erhielt, auf seinem Anwesen eine Fasanerie einzurichten und daraufhin bis 1732 massive Umgestaltungen im Parkgelände vornahm.[36] Wie auch immer die genaueren Umstände der Entstehungszeit des Baus gewesen sein mögen, so wird doch deutlich,

34 Vgl. HARTMANN 1981, S. 49-63; MAGIRIUS 1978, S. 249-278; Vgl. auch: Die Baustufen des Wasserpalais nach dem Plan 6 (von Heinrich Magirius) im hinteren Vorsatz des Bandes von HARTMANN 1981.

35 Vgl. KOCH 1910, S. 308-311.; GURLITT 1904, S. 24.

36 Vgl. KOCH 1910, S. 308.

Abb. 23: Ostasiatisches Gartenhaus (Voliere) im Schlosspark zu Hermsdorf.

dass hier bereits in einem frühen Stadium ein Zweckbau – der der Geflügelzucht diente – chinoises Formengut aufgriff, um damit zwei Ziele zu verfolgen. Zum einen sollte innerhalb des Parks, aber doch in abseitiger Position,[37] eine exotische Wunschwelt evoziert werden, zum anderen verfocht die enge Anlehnung an die Baugestalt von Pillnitz das Ziel, dem Landesherren zu schmeicheln. Gold- und Silberfasane, die hinter den beiden riesigen Gittertüren Einblick in das Innenleben der Voliere gaben, riefen dabei ebenso eine fernöstliche Atmosphäre hervor wie die grotesken Chinesenfiguren auf den Wänden und Hohlkehlen. Letztere wiederholen allerdings so unverhohlen das Pillnitzer Vorbild, dass sie vor allem als Huldigung an den guten Geschmack des Kurfürsten zu begreifen sind, um dessen Nachahmung man sich demonstrativ bemühte.

37 Die Voliere liegt im äußersten Südwesten des Parkgeländes!

Japanisches Palais in Dresden

Ähnliche Gestaltungs- und Assoziationsabsichten wie sie in Pillnitz zu beobachten waren, werden auch bei einem anderen Dresdener Gebäude, dem Japanischen Palais, sichtbar, das August der Starke als museal zu nutzendes Schatzhaus[38] für die Unterbringung seiner riesigen Sammlung chinesischer, japanischer und heimischer Meißner Porzellane seit ca. 1722/23 bis 1729/40 aus dem ehemaligen „Holländischen Palais" am Neustädter Ufer der Elbe hatte umbauen lassen.[39] Zwar blieb nach dem Entwurf von Zacharias Longuelune (1669–1748) (Abb. 24) das exotische Äußere – abgesehen von der heiter und dekorativ wirkenden chinois geschweiften Dachbekrönung der vier Eckrisalite – bei dem ansonsten streng rationalistischen Richtlinien des französischen Barockklassizismus folgendem Bau, auf ein Minimum reduziert, doch genügten bereits diese wenigen Elemente, die kulturpolitische Absicht August des Starken in einer baukünstlerischen Programmatik zur Schau zu stellen. Die gewaltig dimensionierte Vierflügelanlage dieses Schatzhauses verstand sich durchaus in assoziativer Konkurrenz zum einstigen Trianon de porcelaine (vgl. Abb. 2, 11) Ludwigs XIV. und zu den literarischen Berichten über die Herrlichkeiten der Porzellantürme von Nanking und Lincing (vgl. Abb. 13, 14) ebenfalls als ein „*chateau de porcelaine*", doch sollte es in seiner außerordentlichen Monumentalität sowie in seinem Glanz und Pracht vor allem durch den von Pöppelmann gelieferten Entwurf eines aufwendigen Daches aus blau-weißen Meißner Kacheln (Abb. 25) die Bedeutung der berühmten Vorgängerbauten bei weitem in den Schatten stellen. Zwar kam jener Entwurf nicht zur Ausführung, dennoch stellte sich in der Baustruktur und -dekoration während der mehr als zehnjährigen Planungs- und Bauphase des Japanischen Palais, an der neben Zacharias Longuelune (1669–1748) und Matthäus Daniel Pöppelmann (1662–1736) auch Johann Christoph Knöffel (1686–1752) und Jean de Bodt (1670–1745) beteiligt wurden, immer deutlicher die mit dem Gebäude verbundene Absicht des Bauherrn heraus: August II. ging es nicht einfach nur um die Errichtung einer schützenden Hülle für die Fragilität seiner

---

38 Vgl. LORENZ 1995, bes. S.312; vgl. auch: HERTZIG 2015, S. 273-293.

39 Vgl. LÖFFLER 1989, S. 142-144.

Abb. 24: Zacharias Longuelune (1669–1748): Japanisches Palais in Dresden am Neustädter Ufer, Schauseite nach dem Platze, Dachgestaltung von Matthias Daniel Pöppelmann (1662–1736), aquarellierte Zeichnung, 1727–1728.

wertvollen Porzellansammlung, vielmehr um die Demonstration der Vormacht und Überlegenheit der sächsischen Kultur und des Meißner Porzellans, die unter seiner Herrschaft eine unbeschreibliche Blüte erfuhren und ihm auf diese Weise indirekt als einen Fürsten von außerordentlicher Größe und Bedeutsamkeit feierte.[40]
Wenn auch Großteile der ursprünglichen Pläne nicht realisiert werden konnten, blieb doch der Hauptzweck dieses Porzellanschlosses in seiner bildhaft-phantastischen Architektursprache auch unter dem das Gebäude vollendenden Bauherren August III. gewahrt, denn das Dekorationsprogramm im Inneren und Äußeren des Bauwerks diente in erster Linie der Manifestation des „*Triumphes der sächsischen Kultur über andere Länder*".[41]
Die Chinesenhermen im Innenhof (Abb. 26) in ihrer dienenden Karyatiden-Funktion, das Frontispiz des Hauptrisalits mit der in der Porzellanherstellung gegenüber den Japanern obsiegenden Saxonia und die von Louis de Silvestre konzipierten Deckenmalereien; sie alle rühmten Sachsens Glanz und Überlegenheit wegen des von Johann Friedrich Böttger (1682–1719) 1707/08 erfundenen „Weißen Goldes".
Dieses „Weiße Gold" kam den merkantilistischen Gesetzen gehorchendem sächsischen Hof einer Quelle unerschöpflichen Reichtums gleich, aus dem das Glück erwuchs. In dieser Programmatik deutet sich schon aufklärerisches Ideengut an, denn die Mehrung des Reich-

40 Vgl. LORENZ 1995, S. 314-317.
41 Vgl. LORENZ 1995, S. 316-317.

Abb. 25: Matthäus Daniel Pöppelmann (1662-1736): Entwurf für das Dach des Japanischen Palais in Meißner Kacheln, aquarellierte Zeichnung, um 1730.

tums des Staates kam nicht ausschließlich dem persönlichen Absolutismus des Monarchen zugute, sondern der Kultur des ganzen Volkes, indem durch Beschäftigung von zahlreichen Künstlern und Handwerkern auch jenen sozialen Gruppierungen Wohlstand und Glück zufloss.

Zweifellos haben die im „*Orientalisch-indianischen Kunst- und Lustgärtner*" (Abb. 27) 1692 niedergelegten authentischen Berichte des seit 1689 in kursächsischen Diensten stehenden Kunstgärtners George Meister über das „*Goldreich Jappan*" und seine „*kluge und witzige Nation*"[42] in Sachsen als wertvolle Quelle genauerer Kenntnis über Ostasien gedient und besonders das Bild über das Land der aufgehenden Sonne mitgeprägt. Meisters Schrift lagen die Erfahrungen eines zweifachen Japanaufenthaltes zugrunde, deren Wahrheitsgehalt nicht angezweifelt werden brauchte. So fanden sich hier die Vorstellungen über ein ideales absolutistisches Staatswesen bestätigt, wo der „*Keyser...wie ein Gott* [ge]*fürchtet und* [ver]*ehrt*"[43] wurde und wo sich das Land eines ungeheuren Reichtums erfreute. Da Meister nur in bescheidenem Umfang über die ostasiatische Gartenkunst,[44] kaum jedoch über die einheimische Architektur, dafür aber umso ausführlicher über botanische Erkundungen berichtete, ist es nicht erstaunlich, wenn sich die Wirkung seiner Schrift vor allem auf die gestalterische Bereicherung barocker Blumenanlagen und Pflanzungen auswirkte,[45] während die Kenntnis über die japanoide bzw. chinoise Formensprache in der Architektur nicht davon zu profitieren vermochte.

42 MEISTER 1692, S. 144, 200.

43 MEISTER: 1692, S. 197.

44 Vgl. MEISTER 1692, S. 182-184.

45 Meisters Einflüsse konnten hauptsächlich in den Anlagen am Jagdschloss Moritzburg nachgewiesen werden, vgl. KOCH 1910, S. 134.

Abb. 26: Chinesenhermen im Innenhof des Japanischen Palais zu Dresden (ausgeführt von Christian Kirchner (1731/32) und Matthias Oberschall (1732/33–1745).

Abb. 27: Moritz Bodenehr (1665–1749): Titelblatt zu: George Meister (1653–1713): Der Orientalisch-Indianische Kunst- Lust-Gärtner, Kupferstich, 1692.

In der ersten, der absolutistischen, Phase der europäischen Chinoiserie stand keinesfalls die historische oder ethnographische Authentizität der ostasiatischen Vorbilder im Vordergrund, vielmehr folgte man mit der eigenschöpferischen Nachahmung fernöstlicher Dekore der Erkenntnis, dass die Chinesen und Japaner die Wesenswirkung und nicht die Erscheinungsweise zu ergründen suchten. In Analogie zu dieser Grunderfahrung, die auch das Bild vom glücklichen Dasein miteinschloss, war eine produktive Impulsgebung aus der ostasiatischen Kultur möglich geworden, die sich außerordentlich befruchtend auswirkte und die die Basis für eine neue Naturanschauung legte. Das positiv besetzte Bild von Cathai und Nippon setzte ungeahnte Kräfte frei, die nicht nur den künstlerischen Phantasie- und Formenreichtum des spätfeudalen Barocks beflügelte, sondern mit ihrem grundsätzlich anderem Naturverhältnis den Wandel zu Rousseaus freiheitlichem Naturbegriff einleitete. Das geistige und künstlerische Klima am Hofe der sächsischen Kurfürsten und polnischen Könige hatte durch die politische und wirtschaftliche Sonderrolle des Hauses Wettin innerhalb des Reiches dazu beigetragen, dass sich über das Moment der Chinoiserie neue kulturelle Entwicklungsmöglichkeiten eröffneten.

Der aufgeklärte Absolutismus in seiner ersten Phase (1763–1790)

Nach dem Desaster des Siebenjährigen Krieges, der für Kursachsen mit einem totalen politischen und wirtschaftlichen Zusammenbruch endete, brach nach den Jahren der von Graf Heinrich von Brühl (1700–1763) (Abb. 28) betriebenen Verschwendungssucht, Korruption und Günstlingswirtschaft abermals eine neue Periode an, die im Rahmen eines aufgeklärten Absolutismus neuen gesellschaftlichen Prämissen Geltung verschaffte. Noch unter Kurprinz Friedrich Christian (1722–1763) (Abb. 29) wurde 1762 mit der Berufung einer Restaurationskommission dem katastrophalen wirtschaftlichen Verfall des Landes Einhalt geboten, indem bürgerlichen Kräften im Wiederaufbauprogramm des Rétablissements[46]

46 Vgl. SCHLECHTE 1958.

Abb. 28: Louis de Silvestre (1675–1760): Portrait Heinrich Graf von Brühl (1700–1763), um 1750.

erhebliche Einflussnahme auf die Geschicke des Staates gewährt wurde. Entsprechend dieser neuen sozialpolitischen Konstellation wandelte sich auch das kulturpolitische Klima. Statt der verschwenderischen Zurschaustellung von Reichtum und Macht gewannen die durch die bürgerliche Aufklärung propagierten Ideale des Rationalismus an Bedeutung. Natürlichkeit und Schlichtheit waren jetzt die Schlagworte, mit denen die bürgerliche Aufklärung gegen die verkrusteten Zeremonien, den künstlichen Überschwang und protzenden Prunk des Ancien régime zu Felde zog. Paradigmenwechsel war nun allenthalben angesagt: die spielerische Heiterkeit des genusssüchtigen Rokoko machte allmählich einem erneut an der Antike geschulten Klassizismus Platz, das strenge architektonische Reglement des französischen Gartentyps wurde zugunsten der pittoresken Qualitäten des die Natur idealisierenden anglo-chinoisen Landschaftsgartens aufgegeben und eine zunehmend nüchternere historische und ethnographische Beurteilung der Kulturgüter Ostasiens begann das einseitig überhöhende, völlig unkritische Phantasiebild von den fernöstlichen Kaiserreichen abzulösen. Diese jetzt beginnende Periode ist wesentlich mit der Persönlichkeit des Kurfürsten Friedrich August III. (1750–1827) (Abb. 30) verbunden, der nach dem frühen Tod seines Vaters, Friedrich Christian, am 17. Dezember 1763 noch als Minderjähriger die kurfürstliche Würde übertragen bekam und seither bis zu seinem Tode 1827 die Grundlagen der gesellschaftlichen Entwicklung Sachsens maßgeblich bestimmte. Die noch von seinem Vater eingeleitete und bis zur Volljährigkeit des jungen Kurfürsten auch durch den Administrator, Prinz Xaver (1730–1806) (Abb. 31), vertretenen Prinzipien des aufgeklärten Absolutismus bewirkten allerdings nur in der ersten Regierungsphase eine positive Entwicklung in Staat und Wirtschaft. Bald vermochte der grundsätzlich konservativ eingestellte Friedrich August der Gerechte dem wachsenden Reformbedarf nicht mehr gerecht zu werden, was mit zunehmender Regierungsdauer faktisch zu politischem Stillstand führte und erst durch die revolutionären Unruhen von 1830 und deren Folgen überwunden werden konnte.

Wichtigstes soziales Merkmal der Epoche des aufgeklärten Absolutismus ist in Sachsen die Tatsache, dass es auf geistigem Gebiet

Abb. 29: Anton Raphael Mengs (1728–1779): Porträt des Kurprinzen Friedrich Christian von Sachsen (1722–1763), Ölgemälde, 1751.

Abb. 30: Anton Graff 1736–1813): Porträt des sächsischen Kurfürsten Friedrich August III. (1750-1827), seit 1806 als Friedrich August I. König von Sachsen, Ölgemälde, 1795.

zu einer immer stärkeren Einflussnahme der bürgerlichen Positionen auf das gesellschaftliche Leben kam. Mit allmählichem wirtschaftlichem Erstarken gelang es, zunehmend neue soziale Gruppierungen an den kulturellen Prozessen im Lande partizipieren zu lassen. Dies zog eine wachsende Verbürgerlichung des Adels zumindest in jenem Bereich nach sich, der ethische Grundüberzeugungen und das Alltagsleben umfasste. Die Frage nach dem Allgemeinmenschlichen, ja nach humanistischen Werten überhaupt, wurde jetzt gestellt und zog im Verbund mit neuen gesellschaftlichen Zielstellungen auch einen Wandel in der Beurteilung des Anspruchs von Glück für Individuum und Volksmassen nach sich. Dabei hatte das Idealbild von China und Japan noch immer nicht für die Europäer an Faszination verloren. Im Gegenteil: neue Aspekte und Werte aus den fernöstlichen Kulturen bestimmten die Anschauungsweise. So sahen die meisten Vertreter der Aufklärungsideologie, dank ihrer gründlichen Kenntnisse der zahlreichen Missions- und Gesandtschaftsberichte und der Beschäftigung mit konfuzianischen Lehren, eine enge Verbindung der Chinesen und Japaner zur Natur, die genau der Interessenlage des antifeudal eingestellten Bürgertums entsprach. Dieser Erfahrungsschatz aus Ostasien schlug sich hauptsächlich in der Gartenkunst nieder und fand im Typus des anglo-chinoisen Landschaftsgartens seinen reifsten Ausdruck. In Reaktion auf die starre Geometrisierung barocker Gartenkultur wurde nun nach fernöstlichem Muster eine neue Einheit von Kunst und Natur angestrebt, wo die freie Entwicklung der Schöpfung als Symbol der freiheitlichen Entfaltung des Individuums betrachtet wurde. Diese Vorstellung schlug sich damals in erster Linie im Bereich von massenhaft entstehenden Parkanlagen nieder, deren Gestaltung letztlich auf die Befreiung des Menschen in einem irdischen Paradies abzielte. Unter anderem dürfte Arnoldus Montanus (1625–1683) Bericht von

Abb. 31: François Guérin (1740–1795): Prinz Franz Xaver von Wettin, Ölgemälde nach 1761.

den prächtigen Gärten des Dayro von Miako auf Nippon in dieser Hinsicht auf die europäische Vorstellungswelt impulsgebend gewirkt haben: „[...] *daß allhier die Kunst und Natur ihr euserstes vermögen angewendet / diesen Lustgarten dermassen vollkommen aus zu zieren / daß er die berühmte Tessalische Lustgegend / und Ädonischen Lusthöfe / davon die Griechen und Lateiner in ihren Gedichten so vielgerühmet / übertreffen möchte.*“[47] Gleichzeitig kam es in den Kreisen der Aufklärer zur intensiveren Auseinandersetzung mit der chinesischen Variante des Humanismus, dem Konfuzianismus, dessen durchaus konservatives Hierarchiemodell der Gesellschaft allerdings unter die Maßgabe von Vernunft und Weisheit gestellt wurde, so dass sich in Europa vorübergehend das Denkmuster einer weisen, aufgeklärten Herrschaftsführung in Ostasien festigen konnte. Unter dem Einfluss Voltaires (1694–1778) hatte Friedrich der Große (1712–1786) (Abb. 32) mit seinem Japanischen Teehaus in Sanssouci (Abb. 33) maßgeblich die neue Assoziationsrichtung chinoiser Gartenarchitekturen mit vorgegeben.[48] „*Het Koninkryk van China word van Geleerden en Wijsbererigen besturt*“[49] war inzwischen zur gängigen Meinung der europäischen Intelligenz geworden, die es gern als utopisches Wunsch- und Gegenbild zu den bestehenden Verhältnissen nutzte, um einen Maßstab für die Reformrichtung des aufgeklärten Absolutismus in Europa zu setzen. Entsprechend dieser Absicht wurde der Glücksanspruch des gesamten Volkes unter der Herrschaft einer weisen Regierung, wie man sie in die Kultur Ostasiens hineinprojizierte, in der kulturellen Polemik in den Vordergrund gestellt: „[...] *dat het gehele Rijk, byna op de zelfde wijze, als de Platonische Gemeente, van de geletterden alleen bedient en besturt word, en dat dieshalven Platoos wensch in 't Oppervorstendom der Sinezen vervult schijnt, namelijk dat zodanig Koninkrijk gelukkig zou zijn, in 't welk de Koning zich in de oeffening der wijsheit bezich hield, of daar een Wijsbegerige herrschten.*“[50]

47 MONTANUS 1670, S. 131. (Miako/ Miyako ist die alte jap. Bezeichnung für Hauptstadt. Gemeint ist mithin Kioto).

48 Vgl. VOGEL 1996A.

49 KIRCHER 1668, S. 202. („*Das Königreich China wird von Gelehrten und Philosophen regiert.*“ Übersetzung von GHV).

50 Ibidem. („ ... dass das ganze Reich, beinahe auf dieselbe Weise wie die platonische Gemeinde nur von den literarisch Gebildeten bedient /verwaltet und regiert wird und dass deshalb Platons Wunsch im Oberfürstentum der Chineses erfüllt zu sein scheint, nämlich dass ein solches Königreich glücklich sein soll, in dem sich der König mit der Ausübung von Weisheit beschäftigt oder dort ein Philosoph herrscht.“ Übersetzung GHV).

Abb. 32: Antoine Pesne (1683–1757): Friedrich der Große als Kronprinz (1712–1786), Ölgemälde, 1739/40.

Abb. 33: Johann Friedrich Nagel (1765–1825): Das Japanische Haus in Sanssouci, Gouache, um 1790.

Nicht weit von dieser Auffassung entfernt, waren auch die Berichte über Japan, die seinerzeit in Europa kursierten und ein überschwänglich positives Bild von jenen Eilanden zeichneten: *„Hätte die Natur alle Länder so mit allen Gegenständen der Bedürfnisse versorgt, daß alle Begierden der Herzen der Menschen befriedigt, jedes Volk innerhalb seiner Gränzen zufrieden wäre, so würden nie Häuser und Städte zerstört, nie Menschen geschlachtet, nie Länder verwüstet,* [...], *so würde nie so unsägliches Unglück erduldet sein. Vielmehr würden dann die Völker* [...] *sich nach dem Beispiel der Japaner zu dem hohen Gipfel der glückseligsten Verfassung erheben.* [...]".[51]
Neben dem Kurfürsten zeigten nun auch der Hof- und Beamtenadel und sogar wirtschaftlich potente Bürger an dem in chinoisen Architekturen sich bekundenden aufklärerischen Gesellschaftsmodell wachsendes Interesse, indem sie auf der Basis jener Überzeugungen entsprechende Staffagebauten in ihren Gartenanlagen errichten ließen. Freilich entwickelte sich dieser Exotismus schnell zu einer exklusiven Mode, dessen einstiger utopischer Anspruch durch den inflationären Gebrauch dieser Muster mit rasanter Geschwindigkeit verflachte und so von seiner ursprünglichen Ernsthaftigkeit in belangloses Spiel umschlug.

51 KÄMPFER 1779, S. 396.

Schloss Zabeltitz

Eine der ersten – wenn auch äußerst bescheidenen – chinoisen Gartenarchitekturen Sachsens in nachaugusteischer Zeit entstand 1768 in Zabeltitz bei Großenhain.[52] Der junge, gerade volljährig gewordene Kurfürst hatte seinerzeit die Herrschaft aufgekauft, um sie seinem Onkel, dem Prinzen Xaver zu schenken, der sich während seiner Regentschaft um die Durchsetzung physiokratischer Reformmaßnahmen verdient gemacht hatte. Genau wie sein Bruder, Kurfürst Friedrich Christian, stand Xaver, trotz allen dynastischen Konservatismus, dem Ideal des aufgeklärten Absolutismus recht aufgeschlossen gegenüber, was den Wiederaufbau Sachsens beschleunigen half. So kam es mit der Übertragung der Herrschaft Zabeltitz an Xaver zugleich zu einer teilweisen Umgestaltung des dortigen barocken Schlossparks in einen modernen Landschaftsgarten nach englischem Muster. Namentlich war davon die Elisabethinsel im östlichen Teich betroffen, die als kleines chinoises Eiland mit einem von acht Holzsäulen getragenem offenen Pavillon geschmückt wurde. Gemäß des aufkommenden Sentimentalismus erhielt dieses Inselchen, das mit japanisch anmutenden Weymouthskiefern und melancholischer Trauerweide bepflanzt worden war, den Namen der Prinzessin Elisabeth, der geliebten Schwester Prinz Xavers, die sein Zabeltitzer Anwesen während dessen lang andauernder Abwesenheit verwaltete. Der Chinesische Ruhesitz (Abb. 34) mit seinem zweifach geschwungenem Kegeldach, dessen vorkragende Traufen mit konkav geschwungenen und aufgebogenen Spitzen an den Enden ausgestattet waren, bezog seine fernöstliche Assoziationskraft hauptsächlich aus den ursprünglich angebrachten Deckenmalereien mit Drachen-, Vogel- und Chinesenmotiven sowie aus den palmblattartigen Kapitellen und Kokosnüssen aus Eisenblech, die die Holzsäulen schmückten. Letztere waren seit dem Teehaus Friedrichs des Großen in Sanssouci zu einem der beliebtesten Merkmale chinoiser Rokokoarchitekturen nicht nur deshalb geworden, weil die Palme an die üppige Vegetation einer fernöstlichen Paradieseswelt erinnerte, sondern mehr noch, weil sie mit der Vorstellung vom Tempel Salomonis,

52 Vgl. GURLITT 1914, S. 499-500. ; SCHMIDT 1906, S. 243, 263.

Abb. 34: Chinesischer Ruhesitz im Park von Zabeltitz.

dem Tempel der Weisheit, korrespondierte.[53] So zeigt sich, dass die Verknüpfung zwischen paradiesischer Glücksvorstellung und weiser Herrschaft ganz offensichtlich im Zeitalter der Aufklärungsphilosophie zusammengehörten, um die oft ungewöhnlichen, exotischen Staffagen in den Gärten zu legitimieren.

Fasanenschlößchen in Moritzburg

Das Fasanenschlösschen oder der Jappan (Abb. 35-37)[54], das sich Camillo Graf Marcolini (1739–1814) (Abb. 38), kursächsischer Kammerherr und enger Vertrauter von Friedrich August dem Gerechten, von Johann Daniel Schade (1730–1798) und Johann Gottlob Hauptmann (1755–1813) in der Zeit von 1769 bis 1782 auf einem Hügel in der Moritzburger Teichlandschaft errichten ließ, spiegelt zusammen mit dem sich anschließenden, aus zierlichen Lattenwerk erbauten Garnhaus (Abb. 39a, b) wohl am reinsten das rokokohafte Ostasien- und Naturverständnis in der kursächsischen Gartenkunst jener Jahre wider. Obwohl der kleine, zweigeschossige Baukörper der *maison de pleisance* mit dem hohen, haubenartig konkav und konvex geschwungenem Dachaufbau und der wellenförmigen Traufe kaum japanoide Gestaltungsformen aufgreift, klingen doch mit der figürlichen Asiatengruppe unter dem Parasol (Abb. 40), die die filigrane Laterne bekrönt, eine unmissverständliche ostasiatische Motivik an. Eine Verwandtschaft mit Johann Gottfried Bürings (1723–nach 1788) Japanischem Teehaus in Sanssouci (vgl. Abb. 33, Abb. 41)[55] und Carl von Fechhelms (1725–1785) bzw. Langers (LU) Chinesischem Lusthaus in Rheinsberg (Abb. 43)[56] wird offensichtlich, wo gleichartige figurale Dachbekrönungen die Vorstellung von der Einheit zwischen weiser Regentschaft und zwanglos vergnüglichem Lebensgenuss suggerieren.[57] So korrespondiert die würdevolle Haltung des Mandarinen, der vor den Unbilden der Witterung durch den Schirm seines Dieners geschützt wird, mit dem monarchischen Selbstverständnis der damaligen Zeit, das mit derartigen fi-

53 Vgl. VOGEL 1996A, S. 201.
54 Ausführliche Baugeschichte siehe: HARTMANN 1990, S. 189-217.
55 Vgl. STIFTUNG SCHLÖSSER UND GÄRTEN POTSDAM-SANSSOUCI 1993.
56 Vgl. ANONYM 1778, S. 56.
57 Vgl. VOGEL 1996A, S. 201.

Abb. 35: Das Fasanenschlösschen oder der Jappan in Moritzburg.

guralen Inszenierungen ein exotisch drapiertes Wunschbild vom eigenen Herrschaftsanspruch im Sinne des aufgeklärten Absolutismus verband. Hier kulminierten in der Symbolik der Figurengruppe die positiven utopischen Vorstellungswerte über Ostasien - nämlich der trügerische Glaube an eine harmonische Verbindung zwischen weise und gerecht geführter Herrschaft und dem heiteren, unbeschwerten Spiel unter der Regentschaft eines solchen Fürsten. Abgesehen von dieser chinoisen Metapher weisen die übrigen Gestaltungsmomente des kubischen Baukörpers nur eine abendländische Formensprache auf, die sich gänzlich auf die aktuellen Stilmerkmale des Spätrokoko und antikisierenden Zopfstils beruft. Lediglich im zeltdachförmigen, weiß-grün gestrichenem Lattenwerk des malerischen Garnhauses[58] aus ineinandergreifenden polygonalen Treillagenpavillons klingt direkter die orientalische Formensprache an, mit der die Assoziation zur Welt des Fernen Ostens hergestellt wird. Diese Zusammenhänge werden noch verstärkt durch die Einbindung der gesamten Anla-

58 Das Garnhaus wurde 1775 vermutlich von Johann Daniel Schade als Voliére errichtet, in der Lockvögel für die Vogelstellerei, aber auch exotisches Geflügel gehalten wurde. Überdies diente das kompliziert strukturierte Gebäude der Aufbewahrung für die für die Vogelstellerei benötigten Garne und Netze. Vgl. HARTMANN 1990, S. 191.

Abb. 36: C. D. Tiede: Der Jappan bei Moritzburg, Kupferstich.

ge in ein Ensemble maritimer Spielereien von Leuchtturm (Abb. 42), Hafen und Fregatten en miniatur, die dazu dienen, den sehnsuchtsvollen Träumen nach dem glücklichen Arkadien in vermeintlich fernen, exotischen Gefilden stimmungshafte Erfüllung zu gewähren, wo vergleichbar der utopischen Liebesinsel Cythera oder den elysischen Feldern die Befreiung von höfischen Zwängen möglich scheint.

Nippon und Cathai im Garten, mithin die vergleichbare assoziative Poetisierung fernöstlicher Gestade, wird mit wachsender Verbreitung bürgerlicher Ideale, die die Rückkehr zur Natur als ein Kernproblem zukünftiger gesellschaftlicher Entwicklung begreifen, immer häufiger zu einem Gestaltungselement in Park- und Gartenanlagen. Einflüsse der zeitgenössischen Gartentheorie aus England und Frankreich, die mehr und mehr die natürlich scheinende Gestaltungsweise des Garten anglo-chinois favorisierten,[59] hatte die Errichtung zahlloser chinoiser Staffagebauten zur Folge,

59 Bedeutenden Anteil an der Übertragung des „Jardin-Anglo-Chinois“ auf die Entwicklung des Kontinents hatte William Chambers mit seinem Werk „Designs of Chinese Buildings, Furniture, Dresses, Machines, and Utensils“. London 1757 und Georges Louis Le Rouge mit seinen insgesamt 21 Heften zum „Jardin-Anglo-Chinois“, die seit 1774 erschienen. Vgl. auch: VOGEL 2017 und ROYET 2004.

Abb. 37: Johann Christoph Malcke (1725–1777): Die Fasanerie beim Jagdschloss Moritzburg, Ölgemälde, ca. 1791.

ohne dass bereits exaktere Kenntnisse über die Strukturen ostasiatischer Architekturformen bis in den mitteldeutschen Raum vorgedrungen wären. Noch immer dominierten bei den Nachahmungen die Orientierung an den meist ungenauen bildlichen Darstellungen aus den Reiseberichten oder von den importierten Seiden-, Lack- und Porzellanmalereien. Weil diesen Abbildungen in der Regel nur dekorativ-schmückender Wert zukam, erstaunt es nicht, wenn auch weiterhin die Rezeption ostasiatischer Bauformen kaum über deren Grundelement, das geschwungene Dach, hinausging. Selbst Johann Bernhard Fischer von Erlachs (1656–1723) weit verbreiteter „*Entwurff einer historischen Architektur*",[60] der auch ostasiatische Bautypen vorstellte (Abb. 44), ging nicht über die Kenntnisse dieser Reiseberichte hinaus, so dass die Vorstellungen über die ostasiatische Architektur auch weiterhin ziemlich unklar blieben und deshalb noch immer chinoise Phantasiearchitekturen die Regel waren.

60 Wien 1721; Leipzig 1725.

Abb. 38: Johann Heinrich Schmidt (1749–1829): Camillo Graf Marcolini (1739–1814), Kreide auf Papier, um 1780.

Abb. 39 a, b: Das Garnhaus im Garten der Moritzburger Fasanerie, alte Fotografien vor dessen Abriss.

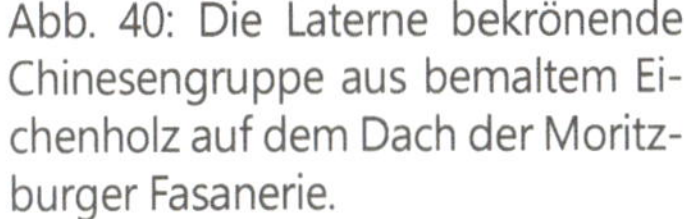

Abb. 40: Die Laterne bekrönende Chinesengruppe aus bemaltem Eichenholz auf dem Dach der Moritzburger Fasanerie.

Abb. 41: Johann Gottfried Büring (1723–nach 1788): Vergoldete Mandarinenfigur auf dem Dach des Chinesischen Teehauses in Potsdam-Sanssouci.

Das Japanische Teehaus im Park von Zwickau-Planitz

Beispielsweise finden sich diese Merkmale in aller Deutlichkeit in dem 1769 (oder erst 1789?)[61] aufgeführten Japanischen Teehaus im Park von Zwickau-Planitz (Abb. 45), einem eigentümlich schweren Bau, der noch ganz vom Charakter barocker Monumentalisierung geprägt ist. Sogar auf die alte Repräsentationsform einer doppelläufigen Freitreppe mit umlaufender Galerie wurde dabei nicht verzichtet. Hans Christoph von Arnim (1736–1772) ließ diesen zweigeschossigen Pavillon auf ungleichseitig oktogonalem Grundriss mit weit vorkragendem, schiefergedeckten Zeltdach in seiner Parkanlage errichten, damit von jener markanten Stelle aus „*die ganze schöne Muldenaue überschau*[t werden] *kann*".[62] So nutzte

61 Vgl. VOGEL 2014, S. 162-163. Die Entstehung des Baus ist nicht eindeutig geklärt. Angeblich soll der Bau erst 1789 aus Anlass der einhundertjährigen Jubiläums des Besitznahme des Rittergutes Planitz durch die Familie von Arnim von Carl Christoph von Arnim (1767-1812) errichtet worden sein, doch Baugestalt und die Aussage des Planitzer Ortschronisten Dr. Günter Zorn deuten darauf hin, dass bereits dessen Vater Hans Christoph von Arnim das Japanische Teehaus errichten ließ. Mit dem Jubiläumsdatum 1789 könnte vielleicht der Beginn der Umwandlung in einen englischen Garten zusammenhängen.

62 SCHUMANN 1821. S. 321.

Abb. 42: Der Leuchtturm in den Anlagen der Fasanerie Moritzburg.

Abb. 43: Carl Benjamin Schwarz (1757–1813): Das Chinesische Lusthaus im Prinzlichen Garten zu Rheinsberg, kolorierte Radierung, um 1790.

er das mit türmchenartiger Laterne und Wetterfahne ausgestattete Gebäude als Belevedere, das gleichermaßen den Ausblick in eine stimmungshafte Landschaftsszenerie gewährte und für den Parkbesucher selbst zu einem attraktiven Point de vue avancierte, dessen assoziationsästhetischer Wert in der freien Natur ein mit dem Bilde Ostasiens verbundenes Glücksgefühl heraufbeschwor, welches sich aus der engen Verquickung von Natur und Kunst ableitete. Ungeachtet dieser inzwischen zeitgemäßen Naturauffassung, die sich in seiner Doppelfunktion äußert, hielt der Bauherr, der sowohl Rittergutsbesitzer als auch Unternehmer im Zwickauer Steinkohlenbergbau war, am monumentalisierenden barocken Formenempfinden fest, damit einerseits sein Verhaftetsein im aristokratischen Standesdenken bekundend, andererseits aber auch seine Aufgeschlossenheit gegenüber bürgerlichen Neuerungen anzeigend.[63]

Chinesischer Pavillon in Herrnhut

Wie bescheiden nimmt sich dagegen der kleine chinoise Pavillon (Abb. 46, 47)[64] aus, der um 1770 als Gartenhäuschen hinter dem heutigen Heimatmuseum in Herrnhut errichtet wurde.[65]

63 Vgl. VOGEL 1996B, S. 78-79.
64 Vgl. VOGEL 2014, S. 86-88.
65 Vgl. REICHEL 1995, S. 395-396.

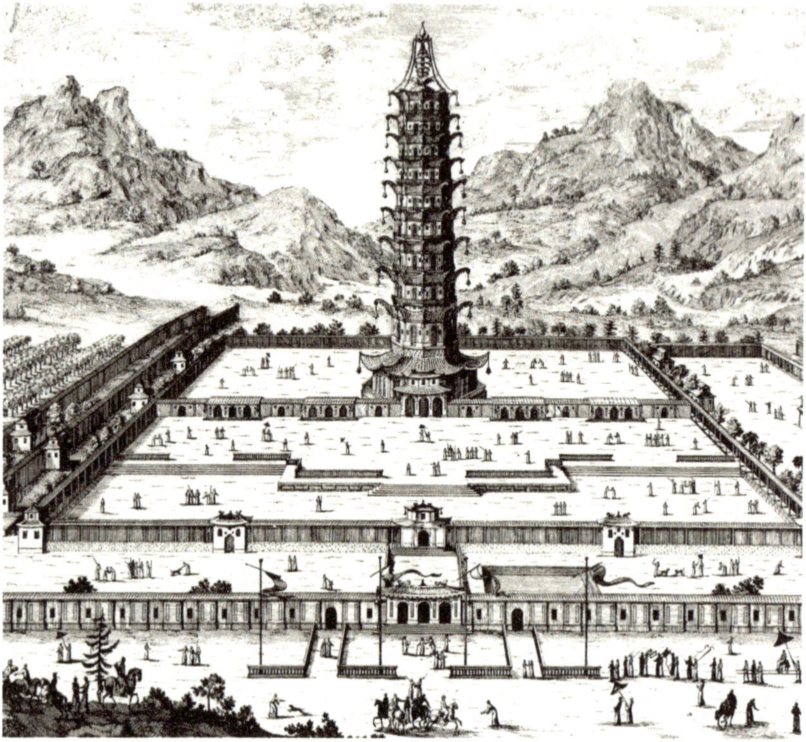

Abb. 44: Johann Bernhard Fischer von Erlach (1656–1723): Der berühmte Sinesische Tempel nahe der Stadt Nanking samt seinen Vorhöfen, 1721, Kupferstich

Abb. 45: Japanisches Teehaus im Schlosspark von Zwickau-Planitz.

Abb. 46: Chinesisches Gartenhäuschen in Herrnhut, Comeniusstraße 6.

Wie die meisten derartigen Bauten dieser Zeit auf einem unregelmäßigen oktogonalem Grundriss sich erhebend, besteht das kleine, einstöckige Gebäude in der Hauptfront nahezu gänzlich nur aus einer für den Zopfstil charakteristischen Tür mit Oberlicht und symmetrisch davon angeordneten schmalen hohen Seitenfenstern. Darüber greift mit weit ausladender Hohlkehle das sanft schwingende Walmdach aus, dessen First vergleichbar der Voliére zu Hermsdorf oder dem Pavillon zu Zabeltitz hier allerdings nicht von einer, sondern von zwei Vasen bekrönt wird. An diesem typischen Element der Zopfstildekoration ist abzulesen, wie gering noch immer die Kenntnisse über die tatsächlich Bau- und Schmuckformen des Fernen Ostens waren, so dass die assoziations-ästhetischen Belange dieser Gartenbauten auch weiterhin von den phantasievollen Mustern des Rokoko und Zopfstils erfüllt werden mussten. Dennoch genügten auch hier allein Schweifdach und Hohlkehle, um mit sparsamsten Mitteln das Bild einer fernöstlichen Glückswelt hervorzuzaubern. Gerade diese betonte Anspruchslosigkeit, die auch die sonstigen Bauten der

Abb. 47: Friedrich Renatus Früauf (*1764): Ansicht auf Hennersdorf vom Kölbingschen Garten in Herrnhut, um 1800.

Herrnhuter Brüdergemeine auszeichnet, entsprach den ethischen und ästhetischen Prinzipien dieser Glaubensgemeinschaft, die sich besondere Verdienste auf dem Feld der Missionierung ferner Völker erwarb. Selbst wenn das Reich der Mitte oder das noch viel verschlossenere Nippon damals nicht im Bereich der Herrnhuter Missionstätigkeit lag, äußert sich in der absichtsvollen Integration dieses chinoisen Gebäudes innerhalb des Ortsensembles das grundlegende Interesse der Mitglieder der Brüdergemeine für die Kulturen unbekannter Völker, auf die sie ihre Missionierungsbestrebungen richteten. So gesehen, kann der kleine Bau durchaus programmatisch betrachtet werden, setzt er sich doch über die bloßen Launen aktueller Modetrends hinweg und veranschaulicht stattdessen weltanschauliche Zielstellungen.

Chinesischer Pavillon in Schneeberg

Ein Fortleben spätbarocker Muster in der chinoisen Gartenarchitektur zeigt sich ebenso bei dem um 1772 in Schneeberg auf dem Gelände der ehemaligen Bergwerkshalde der Fundgrube „Hoffnung zu Gott“ errichteten dreistöckigen Chinesischen Pa-

Abb. 48: Chinesische Pagode im ehemaligen Richterschen Garten zu Schneeberg.

villon (Abb. 48), den Christian Heinrich Richter (*26.1.1734, † 15.3.1807), „*Senator, Erb-, Lehn- und Gerichtsherr auf Mittel- und Niedermosel, auch vornehmer Berg-, Kauf- und Handelsherr*" nach „*legendärem Bericht*"[66] angeblich in sentimentaler Erinnerung an seine verstorbene Frau vor allem zum Zwecke der Wohltätigkeit von den von der Hungersnot bedrohten Arbeitern aufführen ließ, um ihnen auf diese Weise einen Broterwerb zu beschaffen.[67] Auf terrassiertem Gelände erhebt sich die kleine Pagode auf massivem Erdgeschoßsockel, der durch drei Tür- bzw. Fensteröffnungen das Bauwerk symmetrisch gliedert und ihm den Ausdruck des Kolossalen verleiht. Über diesem Sockelgeschoß erheben sich in zwei weiteren Etagen der nunmehr in Holz ausgeführten Pagodenturm, dessen doppelt geschweiftes Schieferdach gleichwie die bemalten Wände mit dem galerieartigen Umgang in ihrer Proportionierung ebenso kompakt und massiv wirken, dass der Bau eher einem wehrhaften Stadttor, denn einem zierlichen Lusthause zu gleichen scheint. Angeblich sollen jedoch die Anregun-

66 Zitiert nach: HAUCK 1926, S. 1.
67 Vgl. FINDEISEN 1938.

Abb. 49: Nach dem Entwurf von Karl Gottlieb Lück (†1776): Chinesenhaus, Porzellan, um 1765.

Abb. 50: Grabbau des japanischen Kaisers in Nikko.

gen für dessen Gestalt in sentimentaler Erinnerung einer kleinen Chinoiserie aus Elfenbein, einer Nadelbüchse, entnommen sein, die lediglich die Formen des Gebrauchsgegenstandes in die Monumentalität der Architektur übertragen habe. Ähnliche chinoise Bauten waren damals auch in Porzellangestalt (Abb. 49) sehr beliebt und könnten inspirierend auf die Formfindung gewirkt haben. Wahrscheinlicher jedoch als diese Annahme scheint sich die Ableitung der verhältnismäßig schweren Formen aus Bildüberlieferungen zu ergeben, die von ostasiatischen Reisebeschreibungen herrührten. So zeigt sich hier eine gewisse Übereinstimmung mit dem Grabbau des japanischen Kaisers in Nikko, über den schon 1670 Arnoldus Montanus berichtet hatte (Abb. 50).[68] Mit einer derartigen Bezugnahme auf fernöstliche Sepulkralarchitektur verband sich möglicherweise im damaligen Zeitalter der Empfindsamkeit auch die Assoziationskraft des Gebäudes, das auf diese Weise ganz offensichtlich als Erinnungsmal an die verstor-

68 Vgl. MONTANUS 1670, S. 118.

Abb 51: Unbekannter Künstler: Ansicht des ehemaligen Richterschen Gartens zu Schneeberg, Gouache, um 1835.

bene Gattin begriffen werden wollte. In dieser Hinsicht erweist sich das Gartengebäude als ein neuartiges Zeugnis des Zeitalters der sentimentalen Empfindsamkeit, das viele der Gartenbauten in erster Linie als persönliches Denkmal wehmutsvoller Erinnerungen und süß-schmerzlicher Gedanken interpretierte. Insofern war mit dieser Zweckrichtung die Assoziationskraft einer exotischen Wunschwelt nicht mehr zwingend gegeben, selbst wenn die benutzte Formensprache dies noch vordergründig auszudrücken schien. Vor allem im Bereich bürgerlicher Auftraggeber, wo verhältnismäßig geringe Finanzmittel lediglich die Gestaltung bescheidener Gartenanlagen zuließen, die sich zumeist in einem einzigen Gebäude erschöpften, trat selbstverständlich der praktische Funktionswert des jeweiligen Lustpavillons gegenüber seinen weltanschaulich-ästhetischen Ansprüchen in den Vordergrund. Von daher versteht sich, dass den Schneeberger Bau einst ein schmuckes Taubenhäuschen bekrönte (Abb. 51), um zusammen mit Gartensitz und Denkmalwert den multifunktionalen Absichten des Bauherrn gerecht zu werden.

Wenn es bei solch praktischer Funktionsgerichtetheit dieses Gebäudetyps gelegentlich zur Übernahme chinoiser Bauformen kam, so beruhte dies zumeist auf ästhetischen Präferenzen des Bauherrn, der sich mit derartiger Gestaltungsweise nur dem allgemein vorherrschenden Modetrend anschloss und aus dem Angebot einer Vielzahl von historisierenden oder ethnographischen Gestaltungsmustern das ihm gemäße auswählte. Entsprechend erhoben die wenigsten Bauten dieser Art, die sich in bürgerlichen Wohngärten befinden, keine über den unmittelbaren Gebrauchswert einer Gartenlaube hinausgehende Ansprüche, da ihnen weitgehend die Möglichkeit genommen war, innerhalb eines größeren gartenarchitektonischen Ensembles in programmatischer Szenerie zu wirken.

Gleichwohl liegen in Schneeberg andere Ursachen zugrunde, die in erster Linie in den caritativen Zielsetzungen des Philanthropen Christian Heinrich Richter wurzeln. Der vornehme Kaufherr, der in Schneeberg mit dem Besitz eines stattlichen Wohnhauses und einem Rittergut in der Nähe der Stadt zu den wohlhabendsten Bürgern zählte, nachdem ihn der Besitz mehrerer Zechen und deren reiche Ausbeute zu einem der vermögendsten Männern im ganzen Erzgebirge gemacht hatte[69], war sich in der katastrophalen Zeit der großen erzgebirgischen Hungersnot von 1771/72 seiner humanitären Verantwortung bewusst, sein ökonomisches Potential zur Linderung des Notstandes in der Kommune zum Einsatz zu bringen. Richter war für seine Mildtätigkeit bekannt, denn schon im Siebenjährigen Kriege war er 1762/63 tätig geworden, um die Stadt vor einer Brandschatzung durch die Preußen zu retten, indem er die geforderten 50.000 Taler vorstreckte[70], die die Stadt an Kriegskontributionen zu entrichten hatte. Nun, in den Zeiten der großen Hungersnot, wiederholte er seine caritative Selbstverpflichtung und ersann – wie an anderen Orten des Notstandes auch – eine sinnvolle Arbeitsbeschaffungsmaßnahme, die den Armen und Hungernden Möglichkeiten zum Broterwerb bieten konnte. Dabei war er nicht allein. Seinerzeit wurden

69 Vgl. Franz Blanckmeister: Richters Garten, S. 76-77, hier: S. 76 in einem gedruckten, nicht näher bezeichneten Dokument im Stadtarchiv Schneeberg: MS 131 „Die Pagode in Siebers Garten (Richters Garten). Konvolut aus der Sammlung Werner Unger, Schneeberg, Rödergasse 19.

70 Vgl. Chronik der Bergstadt Schneeberg.

Abb. 52: Anton Graff (1737–1813): Bildnis des Detlev Carl Graf von Einsiedel mit Johanniterkreuz und -mantel, Ölgemälde, um 1770.

in Sachsen an mehreren Orten Gartenanlagen als Arbeitsbeschaffungsmaßnahmen in Angriff genommen, mit deren Hilfe einerseits die Massenarbeitslosigkeit und Armut der Krisenjahre für viele Notleidende gemildert werden sollte und andererseits der Einführung des neuen anglo-chinoisen Landschaftsgartens in Deutschland zum Durchbruch verholfen werden konnte. So vermochte sich die aus England kommende Entwicklung mit ihrer Rückbesinnung auf die Natur relativ schnell in der deutschen Gartenkunst entfalten. Beispielsweise entstand damals in Sachsen mit gleicher Intention der Schlosspark zu Wolkenburg, den Detlev Carl Graf von Einsiedel (1737–1810) (Abb. 52)[71] auf seinem Rittergut im unmittelbaren Erzgebirgsvorland anlegen ließ gleichwie die Familie des Amtshauptmannes des Meißnischen Kreises und sächsischen Kammerherrn Georg Heinrich I. von Carlowitz (1737–1816) (Abb. 53)[72], die seit 1771 auf ihrem Rittergut Röhrsdorf bei Dohna ebenfalls einen der frühesten englischen Parkanlagen in Sachsen einrichtete. Desgleichen engagierte sich der Landeshauptmann des Gebirgischen Kreises der Erblande[73], Friedrich Ludwig Graf zu Solms-Wildenfels und Tecklenburg (1708–1789) (Abb. 54) in den „*traurigen Jahre*[n] *1771 und 1772, da die entsetzliche Theuerung, Hungersnoth, und epidemische Krankheiten den Erzgebürgischen Creiß gar hart mitnahm, und eine Menge von mehr als 40000 Menschen alt und jung hinwegrafte, hat er seine Pflicht dabey nicht verabsäumt, sondern durch unabläßige Vorstellungen an die hohen Collegien alle nur mögliche Hülfe zu schaffen gesucht: ja er hat deswegen eigene Reisen nach Böhmen gethan, und bey Hohen und reichen Personen für die Hungrigen Nahrungs- und Unterhaltsmittel zusammen gesammelt und unter sie ausgetheilt.* [...].“[74] Ganz in diesem Sinne mildtätiger Wohltätigkeit entschloss

71 Vgl. VOGEL 2019, S. 75.

72 Vgl. EPPERT 2013, S. 18-19; Georg Heinrich I. von Carlowitz war Mitglied der Dresdner Schwerterloge und dadurch genau wie Ludwig Graf von Solms-Wildenfels, der als Meister vom Stuhl der Loge „Zu den drei Rosen“ in Sachsenfeld bei Schwarzenberg die Ideale der Freimaurerei mit ihrem humanitären Wirken hoch hielt, ebenso mit den Prinzipien der Freimaurerei bestens vertraut, so dass sich seine caritativen Bestrebungen mit jenen von Graf Solms u.a. weitgehend deckten. Vgl. EPPERT 2013, S. 38.

73 Zur Verwaltung der sächsischen Landesteile vor der Staatsreform des 19. Jahrhunderts in Sachsen vgl. SCHLECHTE 1966, S. 29-32, bes. S. 30.

74 REUSSMANN 1795, S. 63. Der Biograph des Grafen Solms, Johann Gottfried Reussmann (1730-1796), war Rector scholeae zu Schneeberg.

Abb. 53: Anton Graff (1737–1813): Bildnis des sächsischen Kammerherrn Georg Heinrich I. von Carlowitz, vermutlich 1772.

sich auch Christian Heinrich Richter, der „*mit Seiden- und Webwaren, Spitzen, Kurz- und Topfwaren*“[75] handelte sowie als Waldbesitzer und Holzhändler sein Vermögen zusammentrug, seinen „*unschuldig in Not Geratene*[n Mitbürgern zu helfen], *obgleich seine geschäftlichen Einkünfte in den Hungerjahren 1771/72 fast ganz aufgehört hatten und* [er selbst zwölf Kinder zu versorgen hatte].“[76]

Abb. 54: Unbekannter Künstler: Bildnis von Friedrich Ludwig Graf zu Solms-Wildenfels und Tecklenburg (1708–1789), Landeshauptmann des Obererzgebirgischen Kreises, Kupferstich, 1795.

Nach einer Inspektionsreise, die Richter im Frühjahr 1772 zur Begutachtung der Situation durchs Gebirge unternahm[77], veranlassten ihn die erschütternden Eindrücke, die er dabei gewonnen hatte, dazu, nicht einfach mit der Vergabe von Almosen – die kaum Besserung der Not erwarten ließen – den Bedürftigen zu spenden, sondern ihnen lieber Verdienst und Nahrung mit der Beschaffung von Arbeit zu dienen. Entsprechend verfasste er eine Bekanntmachung folgenden Wortlauts, die er mit schriftlicher Genehmigung des Bürgermeisters ans Schwarze Brett im Rathaus anschlagen ließ: „*Auf meiner Halde zur Fundgrube ‚Hoffnung zu Gott‘ will ich einen Garten anlegen und denselben mit einer massiven Steinmauer umgeben. Wer bereit ist, seine Kräfte dem Bau zu widmen und sich hierbei Brot und Verdienst, Mut und Vertrauen zu holen, soll sich in meiner Handlung melden. Der Plan soll sofort in Angriff genommen und*

75 Zitiert nach HAUCK 1926, S. 1.

76 Ibidem.

77 Vgl. LEHMANN 1840, S. 94-104. Unter Umständen war auch der Schneeberger Handelsherr Christian Heinrich Richter Mitglied der Sachsenfelder Loge, so dass seine caritativen Aktivitäten parallel zu jenen liefen, die der Landeshauptmann des Erzgebirgischen Kreises initiiert hatte.

Abb. 55: Paul Decker: An Honorary Pagoda. Kupferstich, 1759.

der Arbeitslohn alltäglich ausgezahlt werden. Christian Heinrich Richter."[78] Den Berichten zufolge sollen sich mehr als tausend Arbeitswillige gemeldet haben, die bereit waren, für acht, neun oder zehn Groschen – je nach Schwere der Aufgabe – ihre Arbeitskraft für dieses Unterfangen zur Verfügung zu stellen und die unfruchtbare Halde durch Terrassierung in einen fruchtbaren Garten zu verwandeln. Für die Errichtung der vier Ellen hohen, eine Elle breiten und mehrere hundert Ellen langen Mauer soll der menschenfreundliche Gönner insgesamt 30.000 Taler seines Vermögens geopfert haben.[79] Den Höhepunkt des chinesischen Terrassengartens, der damals entstand, bildet das große Gartenhaus, das er in Gestalt einer dreistöckigen chinesischen Pagode errichten ließ. Die Anlehnung an den chinesischen Baustil war nicht allein der Mode des anglo-chinoisen Gartens geschuldet, sondern vor allem auch dessen assoziationsästhetischer Wirkkraft, die sich in Deutschland und Europa während des 18. Jahrhunderts mit der Vorstellung von Glück verband, galten doch nach wie vor die fernöstlichen Reiche von China und Japan als utopische Wunderländer, in denen die Bewohner unter weiser Herrschaft glücklich und zufrieden lebten. Gerade in Zeiten höchster Not war die Errichtung eines solchen Gegenbildes zur trostlosen Wirklichkeit auch volkspsychologisch höchst bedeutsam, um den Verzweifelten neuen Mut und Hoffnung zu geben. Dabei spielte es keine Rolle, dass die Pagode in ihrem buddhistischen Ursprung der Aufbewahrung der sterblichen Überreste erleuchteter Mönche dienten und durch diese Form der Erinnerung zugleich zum Symbol des Nirwana avancierten.[80]

In China selbst, wo die Pagode während der Han-Dynastie (206 v. Chr.–220 n. Chr.) als religiöses Bauwerk eingeführt wurde, das sich als Weltachse verstand, um die sich alles dreht, kam es außerdem zur profanen Nutzung dieses Bautyps als Observatorium, Schatzkammer und Jagdturm. Damit fand der turmartige Gebäudetyp mit seiner stets ungeraden Etagenanzahl, die als Voraussetzung für den Erhalt des Glücks betrachtet wurde, auch Eingang in die geomantische Land-

78 Zit. nach HAUCK 1926, S. 1 und Blanckmeister o. J., S. 76. (s. Anm. 69).

79 Vgl. Stadtarchiv Schneeberg, MS 131 „Die Pagode in Siebers Garten", (Sammlung Werner Unger, Rödergasse 19, Schneeberg).

80 Vgl. VOGEL 2006, S. 164.

Abb. 56: Pagode von Sinkocien/Sinkicien (Changquing) in der Provinz Shandong, Kupferstich, 1666.

Abb. 57: Chinesische Kiosk im Dresdener Garten der ehemaligen Dinglingerschen Weinguts, einst in der Carolastraße 37.

schaftsgestaltung nach den Prinzipien des Fengshui, um mit seiner Errichtung eine Harmonie zwischen Natur und gebauter Umwelt zu erzeugen. Für die frühen Chinareisenden seit Marco Polos Zeiten wurde damit die Pagode zugleich zum Sinnbild für China selbst und seine hochstehende Kultur, mit der sich für den Europäer der Neuzeit stets Glücksversprechungen verbanden. Mit dieser Sinngebung wurde es auch vom Schneeberger Handelsherr Christian Heinrich Richter für seinen neuen Terrassengarten konzipiert, wobei ihm aber eher frühe europäische Vorbilder von Pagodenbauten etwa in Salzdahlum (vgl. Abb. 6), Sanssouci (vgl. Abb. 33) oder aus englischen Musterbüchern (Abb. 55) Anregungen geboten haben dürften, statt originale chinesische Pagoden, wie die des berühmten Porzellanturms Bao-En Si in Nanking (vgl. Abb. 13)[81] oder die Pagode von Sinkocien /Sinkicien (Changquing) in der Provinz Shandong (Abb. 56). Dementsprechend orientierte sich der Bauherr aus dem Erzgebirge lieber an massiven Steinbauten der heimischen Baukunst statt an den fernöstlichen, meist hölzernen, luftigen Konstruktionen, die ihm zu diesem Zeitpunkt noch unbekannt gewesen sein dürften, obgleich ihm das 1757 erschienene Werk des chinaerfahrenen Gartenarchitekten William Chambers (1722/23–1796) (Abb. 58) „Designs of Chinese Buildings, Furniture, Dresses, Machines, and Utensiles" bereits einen prinzipiellen Zugriff auf authentische chinesische Baumuster ermöglicht hätte. In Deutschland war dieses Druckwerk noch wenig verbreitet und erfreute sich erst nach Chambers gartentheoretischer Publikation „A Dissertation on Oriental Gardening" von 1772 in Kontinentaleuropa einer breiteren Rezeption, namentlich nachdem diese Abhandlung 1775 auch in deutscher Übersetzung unter dem Titel „Ueber Orientalische Gartenkunst" in Gotha erschienen war.[82]

Abb. 58: Francis Cotes (1726–1770): Bildnis des schottischen Architekten Sir William Chambers, Kreide auf Papier, 1764.

81 Vgl. ZHANG 2010, S. 70-71.
82 Vgl. VOGEL 2017, S. 149.

Abb. 59: Louis de Silvestre (1675–1760): Porträt der Friederike Alexandrine Gräfin von Moszinska/Moszyńska, Ölgemälde, um 1730/40.

Der Chinesische Kiosk im Dresdener Garten des ehemaligen Dinglingerschen Weinguts, einst in der Carolastraße 37 (Abb. 57) gelegen[83], dessen Entstehungszeit nicht überliefert wurde, ist in seiner massigen Formung über unregelmäßig oktogonalem Grundriss, dem Festhalten am Korbbogen sowie dem kaum zu bemerkenden Schwung im Zeltdach ebenfalls dieser Kategorie der Rokokochinoiserien zuzuordnen. In dieser Hinsicht gleicht er ungezählten chinoisen Pavillons, die seinerzeit fast inflationär Einzug in die bürgerlichen Wohngärten fanden und nur deshalb unserem Bewusstsein entschwunden sind, weil ihre meist leichte Bauweise die Zeitläufte nicht überdauert hat und ihr geringer Kunstwert mit dem Verblassen der Mode vernutzt war.

Der Garten der Gräfin Moszinska in Dresden und chinoise Kleinarchitekturen in sächsischen Adelsgärten

Das trifft zum Teil auch für einige Gartenstaffagen von Adelsgärten zu, von denen wir aber wenigstens spärliche Nachrichten besitzen. Eine solche Nachricht berichtet von einem *„chinesischen Ruheplätzchen“*,[84] das sich im ehemaligen Garten der Friederike Alexandrine Gräfin Moszyńska/Moscinska (1709–1784) (Abb. 59) befunden haben soll. Kurz nach 1759 wurde dieser Garten als einer der ersten in Sachsen durch ein „englisches Stück“ erweitert, und diesem neuesten Trend der anglo-chinoisen Gartenbewegung folgend, durfte natürlich auch in ihm ein entsprechend exotisches Staffagewerk nicht fehlen, selbst wenn es in die äußerste Nordwest-Ecke verbannt war (Abb. 60). Im Gegenteil, gerade die relative Abgeschiedenheit des Standorts im Garten betonte nur im Moment der „Ortsferne“ dessen Assoziationskraft von einer weit entfernten Glückswelt.

Chinoise Gartenbauten wurden seinerzeit auch von den Mitgliedern der Architekturabteilungen der sächsischen Kunstakademien in Dresden und Leipzig entwickelt, wie unter anderem einem Pro Memoria zu entnehmen ist, das am 22. Februar 1769 vom Leipziger Architekten und Lehrer an der dortigen Kunst-

83 Jetzt ist der Garten in Dresden Loschwitz, das ehemalige Dinglingersche Weingut, in der Schevenstr. 59 zu erreichen. Vgl. GURLITT 1904, S. 93-95; - KOCH 1910, S. 237-238; - VOGEL 2014, S. 68.

84 HASCHE 1783, zitiert nach: KOCH 1910, S. 212; - vgl. VOGEL 2014, S. 66-67.

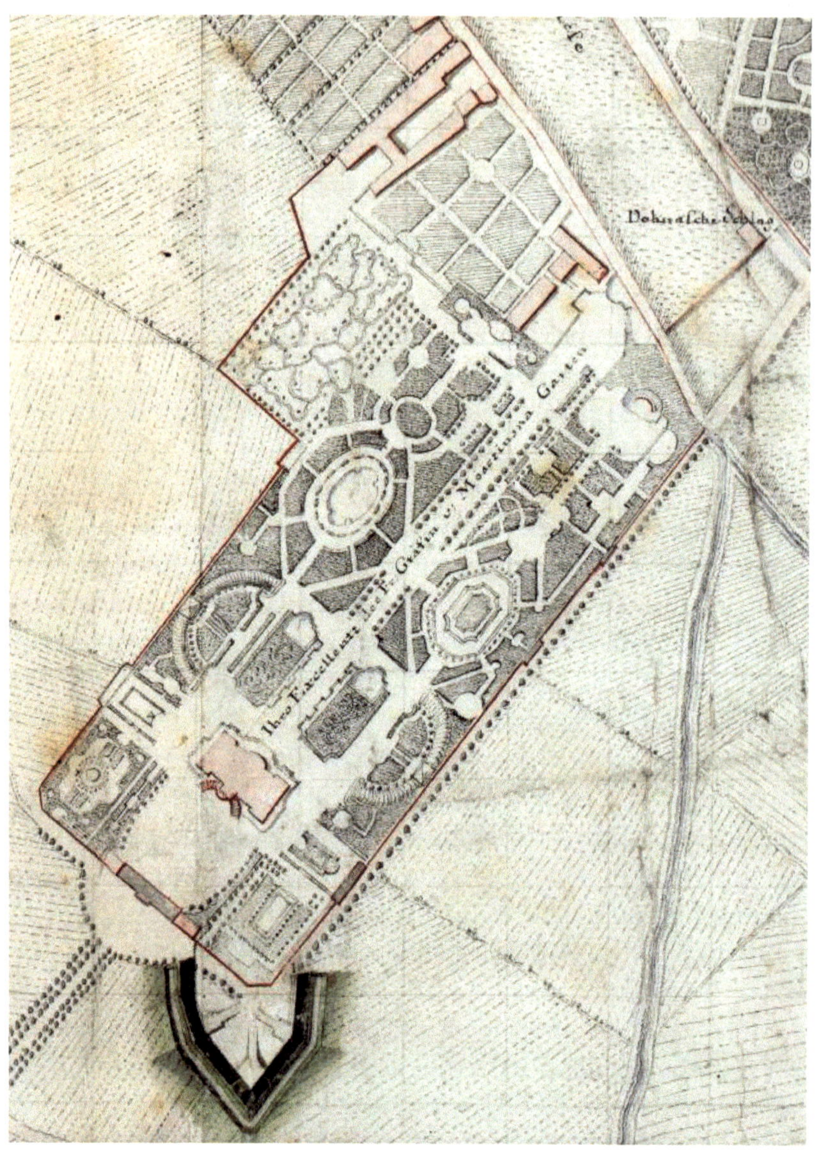

Abb. 60: Lageplan des Palais Moszyńska samt Garten an der heutigen Dresdner Bürgerwiese aus einem Dresdner Stadtplan von 1778.

akademie, Johann Paul Habersang (1732–1796), an den Legationsrat und Generaldirektor der sächsischen Kunstakademien, Christian Ludwig von Hagedorn (1712–1780) (Abb. 61), gerichtet wurde, das folgenden Wortlaut hat: „*Ein Garten Salon nach chinesischer Bauart. Es stehet solcher auf einen drei Stufen hoch erhabenen steinernen Untersatz, welcher entweder mit schwartzen und weißen steinernen Platten, oder nur mit dergl. kleinen ausgesuchten Kieselsteinegen mosaiquis belegt ist. Das nach parasol Art gegebene Dach wird von acht Säulen, an denen jede vier kleine Glöcklein oben angebracht, getragen. Das Dach hat innen einen Plafon so mitten eine Oefung so groß, daß man dadurch den kleinen Plafon des Thürmgens ganz übersehen kann. Uebrigens aber alles von Holz und mit Kupfer oder Blech bedecket.*“[85]

Abb. 61: Anton Graff (1737–1813): Porträt Christian Ludwig von Hagedorn, Ölgemälde, 1778.

Leider ist dem Pro Memoria weder eine Entwurfszeichnung noch ein Schriftstück beigefügt, aus dem der Standort des Chinesischen Salons ersichtlich werden würde, doch lässt die Beschreibung darauf schließen, dass es sich hierbei um einen Pavillon (Ting) mit aufgesetzter Laterne gehandelt haben könnte, der ähnlich jenen Mustern gewesen sein dürfte, wie sie schon Williams Chambers 1759 in seinem „Designs of Chinese Buildings ...“ in vier Varianten auf den Tafeln IV und VI der Öffentlichkeit vorgestellt hatte (Abb. 62; vgl. auch: Abb. 100). Einer weiteren Nachricht begegnen wir in Lehningers „Description de la ville de Dresde“ aus dem Jahre 1782, wo wir über den Garten des Baron von Adlerstahl bei Brießnitz aufgeklärt werden, in dem es neben einer „*hübschen Grotte, einen chinesischen Saal, eine Schaukel endlich ein großes Varieté* [gab]“[86], sonst aber keine weiteren Informationen über die Gestalt und Ausdruckssprache

85 Sächsisches Hauptstaatsarchiv Dresden, 11126/Kunstakademie Dresden/ Nummer 022/ Die Akademie der bildenden Künste in Leipzig, Bl. 87.

86 Zitiert nach. KOCH 1910, S. 234.; vgl. VOGEL 2014, S. 102.

Abb. 62: William Chambers (1723–1796): Pavillons (Ting), Aufrisse, 1757.

Abb. 63: Carl Benjamin Schwarz (1757–1813) nach J. B. Klein: Der Japanische Pavillon im Hermann'schen oder Richter'schen Garten in Leipzig, kolorierte Radierung, 1784.

dieses chinoisen Bauwerks finden. Bei dem Bauherrn dieses Gartens, der damals das 1752 errichtete Boxberg'sche Palais in der Dresdner Seevorstadt bewohnte, handelt es sich um Wolf Jonas Adlersthal, der seinerzeit auch unter dem Namen Eibschütz – eigentlich Wolf Benjamin Eibeschütz – unrühmlich als jüdischer Scharlatan in Erscheinung trat.[87]

Japanisches Rundhaus im Richter`schen Garten zu Leipzig

Nicht überdauert hat auch das Japanische Rundhaus im Hermann'schen oder Richter'schen Garten in Leipzig (Abb. 63, 64), ein einst aufwendiger, phantastischer Prachtbau, der allerdings schon den Zeitgenossen solch große Bewunderung abnötigte, dass seine spektakuläre Existenz nicht in Vergessenheit geraten konnte. Das aus heutiger Sicht nur schwer zu datierende Gebäude,[88] wurde bereits 1860/70 wieder abgerissen (Abb. 65). Doch aufgrund seiner exotischen Exklusivität beanspruchte der Pavillon in der 1784 von Leonhardi verfassten Schilderung des seinerzeit berühmtesten Gartens zu Leipzig eine ausführliche Beschreibung: „*Hier kommt man endlich zu dem prächtigen an der Elster stehenden runden japanischen Hause, dessen Wände von Außen mit 16.000 weißen und blauen Meißener Porzellantafeln belegt sind, wovon das Stück zwei Groschen gekostet hat. Es ist zwei Stockwerke hoch und an dem mit Drachenspitzen versehenen Dache hat man ringsherum kleine mit Hammern versehene Glasglocken angebracht, die bei jedem Winde eine angenehme und sanfte Musik machen; hingegen die Dachspitze selbst ziert ein vergoldeter Drache. Das Erdstockwerk besteht aus einem sehr schön grottierten Saale, der durchaus mit Muschelwerk, Schnecken, Erz, blauen und grünen Glaskugeln ausgelegt, und an der Decke in japanischem Geschmack gemahlt ist. In den vier Ecken hat man Cascaden angebracht, und auf dem Fußboden stehen die bronzenen Statuen August des Zweyten und Dritten. Zu dem oberen Stockwerk führt eine Außentreppe erst auf dem ringsherumgehenden Altan, wo man eine Aussicht über Wiesen, Elster, auf die Funkenburg etc. genießt, und der obere Saal ist al fresko gemalt.*“[89] In seiner malerischen Struktur offenbart sich in diesem kleinen

87 Vgl. VOGEL 2014, S. 68.

88 Friedrich Reichel nimmt als Entstehungszeit ein Datum kurz nach 1749 an. Vgl. REICHEL: 1995, S. 394. Zur weiteren Geschichte des Gartens vgl. auch: FÜRST/RICHTER 2019.

89 LEONHARDI 1799, S. 450, zitiert nach KOCH 1910, S. 286-288.

Abb. 64: Anonym: Japanisches Haus im sonst Reichenbach'schen jetzt Gerhard'schen Garten in Leipzig, Lithographie, um 1830.

Abb. 65: Japanischer Pavillon in Richters Garten kurz vor dem Abriss 1870.

Abb. 66: Adam Friedrich Oeser (1717–1799): Das Japanische Gartenhaus in Richters Garten zu Leipzig, Pinsel, Feder und Tusche in Grau und Braun auf braunem Papier.

japanoiden Gartenbellevue (Abb. 66) ein rokokohafter Pseudo-Japanismus, wie er in seiner Phantastik vor allem über die bildhaften Vorgaben der Brüder William und John Halfpenny[90] nach dem kontinentalen Europa gelangt war. Überdies stellte sich mit dem Gebrauch der wertvollen Meissner Kacheln sowohl eine Assoziation zum Trianon de porcelaine (vgl. Abb. 2, 11) und den Porzellantürmen von Nanking (vgl. Abb. 13) und Lincing (vgl. Abb. 14) als auch den geplanten Prachtbauten von August dem Starken her, zumal die denkmalhafte Einbindung der beiden sächsisch-polnischen Könige als Skulpturen im Innenraum des Pavillons diese Assoziation bekräftigte. Insofern verstand sich der exotische Lustort des höchstwahrscheinlich vom Kaufmann Johann Zarachias Richter (1696–1764) (Abb. 67) initiierten Japanischen Hauses in seiner relativen Abgeschiedenheit am äußersten Zipfel des Gartenareals nicht nur als idyllisches Wunschbild einer in orientalischen Welten zurückgewonnenen Natürlichkeit und Befreiung, sondern wohl eher als Zeichen demonstrativer Verbundenheit des Großbürgers mit

90 Vgl. HALFPENNY 1750/1752.

dem sächsischen Herrscherhaus und dessen Luxusleben. Die selbstbewusste Nachahmung der Porzellanverkleidung, die keine Kosten zu scheuen schien, aber auch die wertvolle Innenausstattung in der Art einer Grotte sollte den Reichtum und die wirtschaftliche Potenz des großbürgerlichen Bauherrn sinnfällig machen, der mit einem derart aufwendigen Bau den Wettbewerb mit Fürsten und Königen nicht scheute.[91] Aus dieser Konstellation erklärt sich sowohl das Festhalten an der durch und durch barocken Baugesinnung als auch das neugewonnene Selbstbewusstsein des gerade in der Messestadt Leipzig so reich geworden Großbürgertums, das im Verlangen nach Standeserhöhung scheinbar problemlos die Kulturformen des Hochadels nachahmte. Entsprechend erweist sich der Bau als ein typisches Zeugnis des Übergangscharakters von der alten zur neuen Zeit und wenn er nicht tatsächlich schon im Jahrfünft vor Ausbruch des Siebenjährigen Krieges entstand, dann doch spätestens in der dem Rétablissement unmittelbar nachfolgenden Phase, als das sächsische Großbürgertum durch den am schnellen Wiederaufbau interessierten Kurfürsten breiteste Förderung erfuhr. Vorübergehend erlangte die sächsische Bourgeoisie einen Reichtum und sozialen Status, der ihr solch kapriziöse Eskapaden in der Bau- und Gartenkunst erlaubte. Ein weiteres Ensemble chinoiser Gartenbauten, das die Zeitläufte nicht überdauert hat, befand sich im ehemaligen Park des Johann Georg de Saxe, einer Anlage, die neben dem Garten der Gräfin Moscinska/Moszyńska als eine der frühesten in Dresden nach englischem Muster umgestaltet wurde. In diesem Zusammenhang kam es neben dem französischen Parkteil zur Errichtung von stimmungshaften Staffagebauten, die assoziationsästhetisch auf ferne Länder und Zeiten verwiesen. Außer einer Eremitage in Gestalt eines Bauernhauses fand sich hier *„eines der herrlichsten Vogelhäuser, welches einem Pavillon mit zwei kleinen Nebenbehältnissen vollkommen gleichet und japanisch mit weißen und blauen Farben gemalt ist, deren Arkaden statt Glasfenster Drahtgitter schließen.*“[92] Als Initiatorin dieses Gebäudes darf die verwitwete Kurfürstin Maria Antonia (1724–1780) (Abb. 70) in Anspruch genommen werden[93], die um 1778/80 das einst für

91 Hier könnten der Grottensaal des Dresdener Zwingers oder des Neuen Palais in Sanssouci als Anregung gedient haben. Vgl. REICHEL 1995, S. 394.
92 BEUTEL 1894, S. 153ff. Zitiert nach KOCH 1910, S. 305.
93 BEUTEL 1894, S. 153ff. Zitiert nach KOCH 1910, S. 305.

Abb. 67: Johann Martin Bernigeroth (1713–1767) nach Adam Friedrich Oeser (1717-1799) nach Elias Gottlob Haussmann (1695–1774): Porträt Johann Zacharias Richter (1696–1764), Kupferstich, nach 1764.

Chevalier de Saxe (1704–1774) (Abb. 69) errichtete Palais bewohnte und den umgebenden Garten nutzte. 1780 übernahm ihr Sohn Karl dieses Anwesen und im darauffolgenden Jahr wurde es Bestandteil der Sekundogenitur des Kurhauses und somit dem Prinzen Anton (1755–1836) übergeben, der es bis 1827 bewohnte. Prinz Anton trieb die Umgestaltung der Anlage im Stile des englischen Landschaftsgartens voran und beauftragte damit den Architekten Johann August Giesel (1751–1822), der seit 1783 mehrere gartenarchitektonische Kleinbauten als Stimmungsträger in die während der nachfolgenden Jahre vervollkommneten Ausgestaltung des Parks mit einbezog. Giesel, Schüler von Friedrich August Krubsacius (1718–1789), studierte in den siebziger Jahren bei Jean François Chalgrin (1739–1811) in Paris. Bereits dort hatte er mehrere Aufträge für Prinz Xaver ausgeführt, wodurch er zur unmittelbaren Auseinandersetzung mit den neuesten Erfahrungen der französischen Architektur angeregt wurde. Offensichtlich flossen diese Kenntnisse auch in die Gestaltungsweise der Gartenbauten im Park des Palais der Sekundogenitur mit ein, wo in betont nüchtern geometrisierenden Formen Inspirationen aus der Pariser Revolutionsarchitektur erstmals in Dresden ihren künstlerischen Niederschlag fanden.[94]

Der Dohnasche Pavillon

Das trifft auch für ein chinoises Gartenhäuschen zu, das wegen seiner Lage in der äußersten Südostecke des Grundstücks, am Dohnaschen Schlage gelegen, als Dohnscher Pavillon (Abb. 68)[95] bezeichnet wurde. Nach Gurlitts Beschreibung handelte es sich dabei um einen „*Rundbau mit zwei Thüren und Freitreppe* [die] *zu diesen an der Gartenseite und drei Fenstern nach aussen*“[96] führten und dessen schlichter Mauerzylinder durch Lisenen gegliedert wurde, während eine breite Hohlkehle zum kegelförmigen Dach überlei-

Abb. 68: Japanisches Häuschen oder Dohnascher Pavillon.

94 Vgl. LÖFFLER 1989, S. 327.
95 Vgl. VOGEL 2014, S. 67.
96 GURLITT 1904, S. 557.

Abb. 69: Louis de Silvestre (1675–1760): Porträt von Johann Georg, Chevalier de Saxe (1704–1774), Ölgemälde, 1731.

Abb. 70: Anton Raphael Mengs (1728–1779): Porträt der Maria Antonia Walburgis von Bayern, verw. Kurfürstin von Sachsen (1724–1780), Ölgemälde, 1752.

tete. Das streng strukturierte Bauwerk bezog sein chinoises Aussehen allein von dieser Hohlkehle und dem Kegeldach. Insofern wirkten hier noch gestalterische Vorgaben nach, die ihre Herkunft von Pillnitz oder Hermsdorf ableiten. Dabei zeigt sich neben der geometrisierenden Tendenz französischer Revolutionsarchitektur zugleich auch ein stilistischer Konservatismus, der den vorhandenen Grundtypus der chinoisen Rokokoarchitektur nur im Sinne einer zeitgemäßen, klassizierenden Formensprache variierte.

Der Pavillon der Villa Sorgenfrei

Ein weiterer chinoiser Pavillon aus Lattenwerk (Abb. 71, 72)[97], der ebenfalls Johann August Giesel als Schöpfer zugeschrieben wird, entstand zusammen mit der Errichtung der Villa Sorgenfrei in Radebeul-Oberlößnitz in der Zeit von 1786 bis 1789. Im nordöstlichen Teil des Gartens gelegen, erhob sich das leichte, offene Bauwerk über 14 Stufen auf regelmäßigem oktogonalen Grundriss. Während die Vorder- und Rückfront rundbogige Türöffnungen akzentuierten, öffneten sich die anderen Wandfelder in großen Stichbogenfenstern nach draußen. Die luftige Struktur des hölzernen Kiosks wurde durch die lisenenartige Betonung der Ecken und die diagonale Kreuzlage der Latten an den Wänden so verfestigt, dass sie ein in einer Flachkuppel mündendes Metalldach aufzunehmen vermochte, dessen eigenwillig-phantastische Formgebung den chinoisen Charakter des sonst schlichten Gebäudes hervorrief. Zwar erweist sich die wulstförmig aufgebogene, nur gering überkragende Dachkrempe mit ihrem barock geschwungenem Rand und den geflügelten Metalldrachen an den Ecken und auf der in einer Spitze auslaufenden Wetterfahne reichlich exotisch, doch mit authentischen chinesischen Vorbildern hatte diese phantastische Formgebung dennoch nichts gemein. Vielmehr ist sie Ausdruck des ausklingenden Rokokos, die einzig das Modell Ostasien in europäisch barockisierendem Gewand als Synonym für lustvollen Genuss von Glück und Sorglosigkeit benutzt. Der Name

97 Vgl. VOGEL 2014, S. 134.

Abb. 71: Chinesischer Gartenpavillon oder Drachentempel im Garten der Villa „Sorgenfrei" zu Radebeul, Augustusweg 48.

Abb. 72: Herbert König (1820–1876): Der Drachentempel von Haus „Sorgenfrei" in Radebeul, ca. 1866, vermutlich Kreide auf Papier.

der Anlage „Sorgenfrei" wird so zum bezeichnenden Programm. Genau wie in „Sanssouci" von Friedrich dem Großen fließen in dieses Verlangen nach Sorglosigkeit aufklärerische Wunschbilder ein, die ihre Wurzeln in der Weisheitslehre des Konfuzius haben, fußt doch die Namensgebung auf einem konfuzianischen Axiom, das besagt, dass ein weiser Herrscher nur selbst Ruhe und Behaglichkeit findet, wenn die Menschen seines Landes in Wohlstand leben und zufrieden sind.[98] Diese Vorstellung hatte sich inzwischen als Topos festgesetzt und wurde in Verbindung mit chinoisen Bauten immer wieder aktualisiert. Dem dienten gewiss auch die einst in der Innenkuppel vorhanden gewesenen Malereien, die möglicherweise der Bruder des Architekten, der Landschafts-, Fresko- und Theatermaler Johann Ludwig Giesel (1747–1814), entworfen haben könnte, der wiederholt mit vergleichbaren Arbeiten in Dresden und Warschau hervorgetreten war.

98 Vgl. VOGEL 1996A, S. 191; MORITZ 1982, S. 99-105.

Das chinesische Zimmer im Marcolinipalais

Beispielsweise wird ihm auch die dekorative Ausgestaltung des Chinesischen Zimmers im Marcolinipalais in Dresden-Friedrichstadt (Abb. 73, 74) zugeschrieben,[99] das 1780 unter Verwendung echter chinesischer Papiertapeten eingerichtet wurde. Unter dem Einfluss der Mode der Chinoiserie kam es hier in Sachsens Architektur erstmals zum Gebrauch des gotischen Spitzbogens an einer Zimmertür. Deutlich leitet sich deren Maßwerkdekoration von organischen Vorbildern aus der Natur ab und erinnert unmissverständlich an palmenartige Strukturen, die assoziativ sowohl mit Ostasien, aber auch mit den Verzierungen im Tempel Salomonis in Verbindung gebracht wurden.[100] Innerhalb chinoiser Gestaltungsmuster verknüpfte sich mit dem Motiv der Palmenwedel sowohl die Vorstellung vom Tempel der Weisheit als auch die Symbolik des Paradieses. Marcolini erhob mit dieser unmissverständlich aufklärerisch gemeinten Ikonographie im Stilgemisch von chinois, neogotisch und klassizistisch ein weiteres Mal den Anspruch, Repräsentant des philosophischen Aufklärungshumanismus zu sein.

Entwürfe für die Erweiterung der Schlossanlage in Pillnitz

Den Höhepunkt dieser Ideale innerhalb der Ausdrucksskala chinoiser Architekturen der ersten Phase des aufgeklärten Absolutismus bezeichnen in Sachsen allerdings jene Entwürfe, die Friedrich August III. zur Vollendung der Schlossanlage in Pillnitz in den achtziger Jahren in Auftrag gegeben hatte. Zweifellos dürften die gerade erschienenen Schilderungen Engelbert Kämpfers (1651–1716) von Japan und der kaiserlichen Residenz in Jedo[101], die der preußische Diplomat Christian Konrad Wilhelm von Dohm (1751–1820) (Abb. 75) 1779 neu herausgegeben hatte, die europäischen Gemüter bewegt haben, wenn es darum ging, neue Schlossbauten zu errichten.[102] Friedrich August der Gerechte, der sich ganz konkret mit diesem Gedanken befasste, wollte die bislang unvollendet gebliebene Pillnitzer Anlage, die nur gelegentlich der Nutzung höfischer

99 Vgl. LÖFFLER 1989, S. 340.
100 Vgl. VOGEL 1996A, S. 201.
101 = heute: Tokio.
102 Vgl. KÄMPFER 1779, bes. Kapitel 12, S. 271-290.

Abb. 73: Alte Ansicht vom Chinesischen Zimmer im Marcolini-Palais in Dresden Friedrichstadt, Postkarte.

Abb. 74: Das Chinesische Zimmer im Marcolini-Palais in Dresden Friedrichstadt nach der Restaurierung.

Abb. 75: Karl Christian Kehrer (1755–1833): Bildnis Christian Konrad Wilhelm von Dohm, Ölgemälde, 1795.

Festivitäten vorbehalten blieb, nun gänzlich in eine Sommerresidenz verwandeln. Sicher wird er dankbar Kämpfers anregenden Bericht vom Schloss in Jedo studiert haben, im Wunsch, eine vergleichbare Anlage zu schaffen, wie sie die vermeintlich glücklichen und weisen Herrscher der fernöstlichen Reiche besaßen. So schwebte ihm möglicherweise ebenfalls ein Bau mit *„einem inwendig stehenden, über alle anderen Gebäude hervorragenden viereckigten* [...] *Thurm mit vielen Stockwerken, Prunkdächern und Zierrathen*" vor, die *„dem Schlosse das prächtigste Aussehen giebt und* [wo] *außerdem* [...] *alle Gebäude mit gefachten ausgebogenen und zu oberst und an den Enden mit Drachenköpfen gezierten Dächern kostbar belegt* [sind]".[103] Doch neben dem hier sich offenbarenden feudalen Repräsentationsanspruch sollte das neue Bauwerk auch dem in der späten Rokokokultur betriebenem Streben nach bürgerlicher Wohnkultur Befriedigung verschaffen.[104]

Nachdem Christian Traugott Weinlig (1739–1799) 1782 den Auftrag zu entsprechenden Schlossentwürfen erhalten hatte, legte dieser am 29. Januar 1783 dem Kurfürsten eine Mappe mit unterschiedlichen Plänen zu diesem Schlossbau vor. Unter seinen Kreationen tritt besonders ein chinoises Projekt hervor (Abb. 76), das in seiner überdimensionierten Monumentalität wohl als Idealentwurf mit den Anlagen in Jedo oder Peking konkurrieren wollte. Majestätisch bekrönt ein Turmpavillon über dem gestuften Doppeldach des Mittelbaus die symmetrische Anlage und obwohl Weinlig in der Struktur des Baukörpers unübersehbar seine Erfahrungen mit dem palladianischen Klassizismus einbringt, lässt er inzwischen ein gesteigertes Einfühlungsvermögen für die Verwendung originärer ostasiatischer Bauformen erkennen. Ein intensives Studium der Werke von William Chambers wird dafür gesorgt haben, dass jetzt sogar im Baudetail authentische Gestaltungsmotive fernöstlicher Baukunst zur Geltung kamen. Namentlich tritt das bei der Verbindung der Säulen mit der sich anschließenden Dachkonstruktion zutage wo wuchtige, in die Säulenköpfe eingezapfte Längsbalken (chin.: efang 额枋) und Konsolenarme (chin.: gong 拱) die Holzskelettbauweise Ostasiens (Abb. 77) nachahmen.[105] Desgleichen lassen dekorative Details wie Muster von

103 Ch. W. Dohm: Nacherinnerungen, in: KÄMPFER 1779, S. 274.
104 Vgl. HARTMANN 1981, S. 122-129.
105 Vgl. THILO 1977, S. 58-62.

Abb. 76: Christian Traugott Weinlig (1739–1799): Entwurf zu einem neuen Schloss in Pillnitz. Querschnitt durch den Hof. Farbiger Schauriss, 1783.

Holzgitterwerk, ein das Dach bekrönender Sōrin (jap. 相輪)[106] oder der vielfältige Drachenschmuck an den aufgebogenen Dachenden ein größeres Bemühen um ethnographisch-historische Genauigkeit im Sinne des archäologischen Klassizismus erkennen. Dass Weinlig dabei stets eine harmonische Verbindung der ostasiatischen Elemente mit europäischen Bauformen anstrebte, macht nur bewusst, welch hohes Maß an architektonischer Übereinstimmung der Baumeister zwischen klassizierendem und chinoisem Baustil sah. Für dieses gestalterische Bemühen spricht auch die Einbeziehung einer obeliskentragenden Elefantenfigur vor der Front des Schlosseingangs. Gewiss ließ sich Weinlig bei der Nutzung dieses Motivs von dem 1667 vor der römischen Kirche Santa Maria Sopra Minerva aufgestellten Marmorelefanten (Abb. 78) des Gian Lorenzo Bernini (1598–1680) inspirieren, der seinerseits mit seiner chinoisen Bekrönung von einem Stich bei Athanasius Kircher (1666) beeinflusst worden war.[107] Ikonographisch besaß diese Kombination des Elefanten mit dem Obelisken eine lange Tradition,[108] die aus der indischen Mythologie über Byzanz

106 Japanische Bezeichnung für die Spitze auf einem Pagodendach mit ihren neun übereinander lagernden Ringelementen. Damit ist der Sōrin vergleichbar mit dem burmesischen Hti, dem schrimförmigen Abschluss einer Stupa.

107 Vgl. RÜHLMANN 1968, S. 43-44; Abb. 38, 39.

108 Vgl. Frankfurter Allgemeine Zeitung vom 17.7.1991, Nr. 163, S. N 4.

bis nach Europa vordrang. Ursprünglich verkörperte diese Gestalt das Symbol der Weisheit in Verbindung mit der alten Vorstellung vom Lebensbaum. In Europa mutierte dieses Image zum allegorischen Zeichen für die Identität von Natur und Weisheit, wobei sich seit dem Mittelalter der Bedeutungswandel in den Bereich der christlichen Auslegung verschoben hatte. Nun sah man im großmütigen, frommen Elefanten, dessen robuster Charakter die antike Weisheit in Gestalt des den Baum der Erkenntnis verkörpernden Obelisken trägt, das Sinnbild einer versöhnlichen Verbindung der christlichen mit der antiken Weisheit. Die chinoisen Schmuckelemente an der Obeliskenspitze von Berninis Skulptur schloss in diesen Kontext zusätzlich die antike Weisheit Ostasiens mit ein. In dieser Symbolik einer Verschmelzung der Weisheit der Weltkulturen sah der Zeitgeist der Aufklärung ein Wunschbild für die Humanisierung der Gesellschaft als Voraussetzung für die Erfüllung des Glücksanspruchs der Menschen. Weinlig hatte mit der Einbeziehung dieser Skulptur in sein Schlossprojekt zugleich ein aussagekräftiges Symbol für seine künstlerischen Intentionen gefunden, die sich im geistigen wie im formalen künstlerischen Bereich um die Verschmelzung des fernöstlichen Kulturgutes mit den europäischen Traditionen bemühte, um auf diese Weise zu einem höheren Maß an menschlicher Vollkommenheit zu gelangen. Allerdings kamen Weinligs Entwürfe für Pillnitz ebensowenig zur Ausführung wie die, welche Johann Daniel

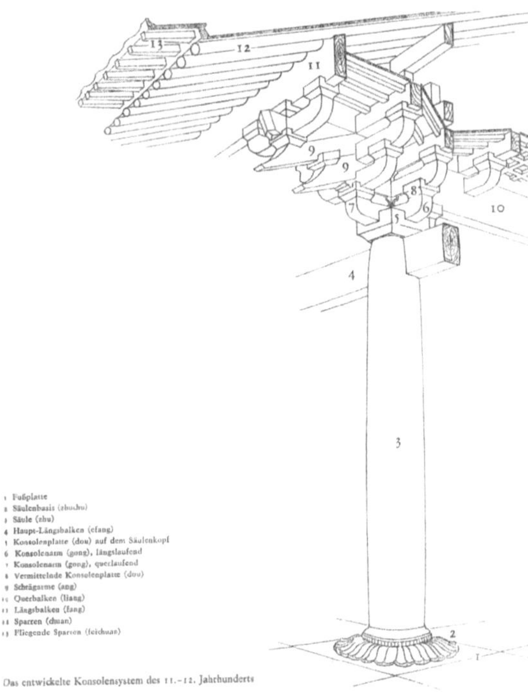

Abb. 77: Das entwickelte Konsolensystem der chinesischen Dachkonstruktion des 11. bis 12. Jahrhunderts.

Abb. 78: Gian Lorenzo Bernini (1598–1680): Elephantenobelisk in Rom vor der Kirche Santa Maria Sopra Minerva.

Schade (1730–1798) dem Kurfürsten zur Verwirklichung dieses Projektes lieferte. (Abb. 79-82). In seinen Rissen dominiert fortgesetzt der barock-klassizistische Baukörper, der die Formensprache Pöppelmanns nur wenig zu modifizieren scheint. Ohne tieferes Verständnis für die ostasiatischen Baustrukturen werden nur einzelne wenige Architekturmotive genutzt, die den sonst völlig barock-klassizistischen Gebäudeformen ein fernöstlich anmutendes Flair verleihen sollten. Hier fehlt die gegenseitige Durchdringung der orientalischen mit der abendländischen Baukunst, wie sie Weinlig zumindest im Ansatz gelungen war. Statt dessen bestimmte noch immer die von Pöppelmann vorgegebenen Motive der chinoisen Hohlkehle des Barock, die spielerischen Dachdekorationen, die stark vom europäischen Walmdach abgeleitete Überdachung oder gar die wellenförmige Traufe den

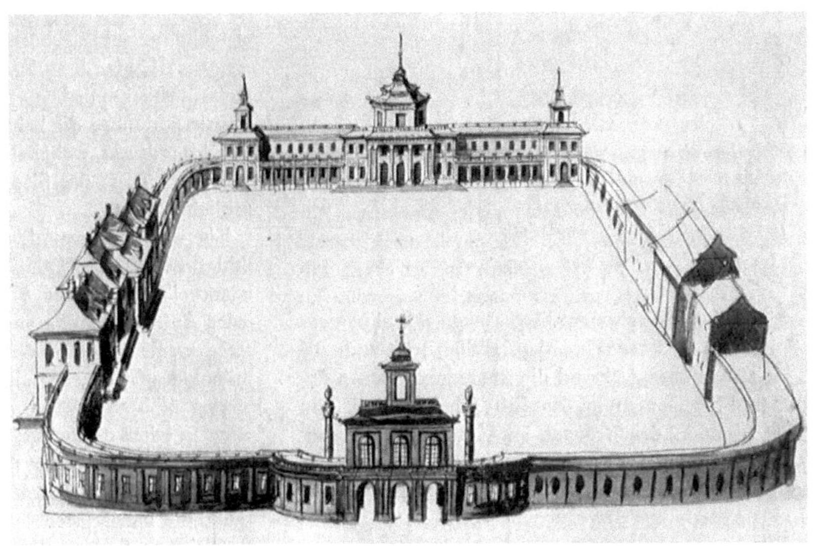

Abb. 79: Johann Daniel Schade (1730–1798): Entwurf für eine chinoises Palais in Pillnitz, Ansicht mit Grundriss, Zeichnung, nach 1780.

Abb. 80: Johann Daniel Schade (1730–1798): Entwurf für eine chinoises Palais in Pillnitz, Façade nach dem Garten, Zeichnung, nach 1780.

Abb. 81: Johann Daniel Schade (1730–1798): Entwurf für eine chinoises Palais in Pillnitz, Façade gegen die Elbe, Zeichnung, nach 1780.

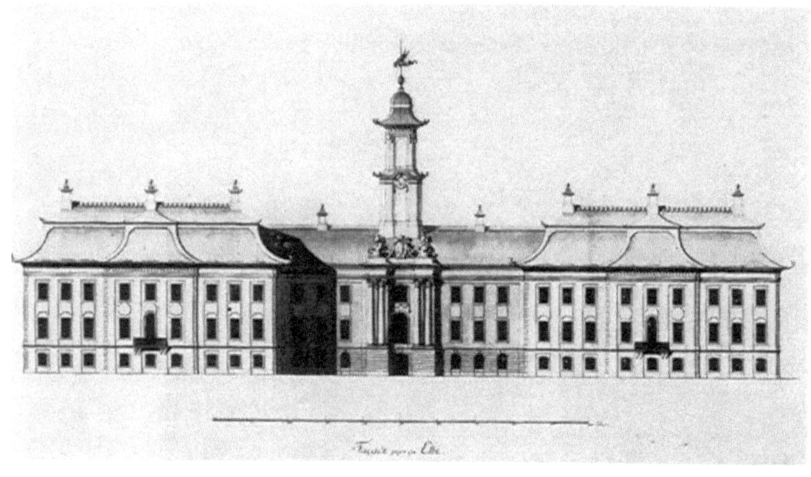

Abb. 82: Johann Daniel Schade (1730–1798): Entwurf für eine chinoises Palais in Pillnitz, Façade gegen die Elbe, Zeichnung, nach 1780.

Charakter der weiterhin phantastisch begriffenen chinoisen Entwürfe. Augenscheinlich zu stark die künstlerischen Momente einer Übergangszeit repräsentierend, fanden die stilistisch inkonsequenten Gestaltungsmuster von Weinlig und Schade beim Kurfürsten nicht jene Wertschätzung, die für ihre baukünstlerische Umsetzung notwendig gewesen wäre. So verzögerte sich das Projekt bis in eine dritte Bauetappe, in der dann Christian Friedrich Schuricht (1753–1832) von 1818 bis 1826 mit seinen Plänen zum Zuge kam, um endgültig den Komplex der Pillnitzer Schlossanlage zu vollenden. Doch gehören diese Bauwerke bereits einer neuen Phase der chinoisen Architektur in Sachsen an.

Der aufgeklärte Absolutismus in seiner zweiten Phase (1790–1830)

Das Wunschbild Ostasien nach der Französischen Revolution

Die Ereignisse der Französischen Revolution und ihre Auswirkungen auf Kursachsen konnten nicht ohne Folgen für dessen gesellschaftliche Entwicklung bleiben. Immer stärker meldeten sich jetzt die Forderungen des dritten Standes nach Mitsprache und Mitbestimmung zu Wort; immer deutlicher traten die Missstände des Ancien régime zutage und konnten nicht länger von den die prinzipielle Machtfrage nicht antastenden Positionen des aufgeklärten Absolutismus übertüncht werden. Dringender Reformbedarf machte sich allenthalben breit, angesichts zunehmender politischer und auch wirtschaftlicher Stagnation. Vor diesem Hintergrund eines sich anbahnenden radikalen gesellschaftlichen Wandels taugten auch auf dem Gebiet der Chinioserie die alten Vorstellungen für die Gestaltung gesellschaftsutopischer Wunschbilder längst nicht mehr. Neue Erfahrungen, Ideen und Gefühle setzten sich durch und fanden nun Eingang in die kulturellen Bereiche der sächsischen Lebensumstände. Auf dem Gebiet der Gartenkunst trat jetzt neben den Aspekt der Vernunft immer stärker auch der des Gefühls. Der seit den achtziger Jahren des 18. Jahrhunderts in Deutschland stets rascher voranschreitende Verbürgerlichungsprozess wurde nach dem Rationalismus der Frühaufklärung nun stärker von einer neuen Welterfahrung geprägt, in der erstmals das natürlichen Gefühlsleben des Menschen in den Mittelpunkt kultureller Aufmerksamkeit gelangte und so der Entwicklung von Präromantik und Romantik den Weg ebnete. Dabei steigerte sich die Tendenz des empfindsamen Sicheinfühlens in die Prozesse der Natur – wo das Individuum sich wieder eins mit den schöpferischen Kräften des Universums glaubte – zu einer sentimentalen Weltbetrachtung, in der die *„grüne Kunst“* der Gärten und Parks höchste Wertschätzung genoss. Überall versuchten in diesem „Zeitalter der Empfindsamkeit“[109] zahlreiche Dilettanten durch die Errichtung von Parkanlagen ihrer individuellen Sehnsucht nach Harmonie zwischen Mensch und Natur Befriedigung zu verschaffen. Das ins Bukolische verklärte Leben auf dem Lande wurde in den letzten Jahrzehnten des ausklingenden 18. Jahrhunderts zum höchsten Ideal erhoben. In ihm kulminierte *„die Freude über die Annehmlichkeiten der Natur,* [die] *die erste Empfindung des Menschen* [war], *als er auf die Erde trat.“* Und so war ihm *„die ganze Welt ein unermeßlicher Schauplatz von Vergnügungen; alles was er auf ihm antrifft, wird ihm eine Quelle froher Empfindungen.“*[110] Dabei gewann nach den Vorstellungen der Zeitgenossen das Landleben *„noch weit wichtigere Vortheile für die Erziehung* [...] *in der moralischen Ausbildung des Herzens. So bald sich die Seele aus ihrem Schlummer erhebt, und anfängt, ihre Fähigkeiten auszuwickeln; so samlen sie durch die Hülfe der Augen, und übrigen Sinne Kenntnisse, die in Empfindungen eingeschlossen sind,* [...], *Empfindungen, die in der Seele entstehen, da sie allein von dem ersten Eindruck der Gegenstände beherrscht wird.“*[111] Unter dieser Voraussetzung wurden die Gärten und die in ihnen enthaltenen Staffagen so stark mit Assoziationswerten aufgeladen, dass ihr Ausdrucksvermögen einen literarischen Charakter annahm. In diesen nunmehr *„sentimental-poetischen Gärten“*,[112] die mittels beständigen Szenenwechsels immer neue und gegensätzliche Gedankenverbindungen hervorzurufen bestrebt waren, spielte selbstverständlich die Vorstellungswelt von Ostasien noch

109 Vgl. KRÜGER 1972.
110 HIRSCHFELD: 1771, S. 57.
111 HIRSCHFELD: 1771, S. 180.
112 Vgl. CLIFFORD 1966, S. 318-336.

immer eine außerordentlich große Rolle, weil auch weiterhin mit den großen Reichen des Fernen Ostens, mit Japan und China, das Bild eines glückseligen Refugiums „*Amoenitatibus exoticis*"[113] verknüpft blieb. Entsprechend häufig finden die verschiedensten chinoisen Staffagen Aufnahme in die zeitgenössischen sentimentalen Parks, wobei der ehemals phantastisch pittoreske Charakter dieser Bauten durch einen poetischen ersetzt wurde, der stärker als vordem, der historischen und ethnographischen Authentizität gerecht zu werden suchte.

Gleichzeitig machte sich mit wachsender Kenntnis über die realen gesellschaftlichen Verhältnisse in Ostasien auch Kritik an den Konzeptionen der Chinoiserien breit. Deutliche Zweifel an der sentimentalischen Ausstaffierung der Gärten mit exotischen Parkszenen keimten um 1799 bei Wilhelm Gottlieb Becker (1753– 1813) (Abb. 83), den führenden Gartentheoretiker und -ästheten in Sachsen auf, indem er beklagte, dass „*selbst ein beträchtlicher Raum mit der Geschichte mehrerer Jahrhunderte und mit Gebäuden aus verschiedenen Welttheilen angefüllt*, [... uns] *nicht länger unterhalten* [kann], *als bis wir die sämtlichen Vorstellungen des prächtigen Guckkastens übersehen und uns von der Planlosigkeit der verworrenen Schöpfung überzeugt haben. Die Natur geht dabei verloren; die Dichtung, wenn anders eine so bunte Zusammensetzung diesen Namen verdient, vermag uns ohne dieselbe nicht zu täuschen, und das Ganze hat nicht mehr Anspruch auf unsere innere Würdigung desselben, als ein artiges Schattenspiel an der Wand.*"[114] Mit noch schärferen Worten setzte er seine Attacke gegen die sentimentalisch-literarischen Ausstaffierungen der Landschaften und Gärten fort: „*Eine gemeine prosaische Natur mit erhabener dichterischer Kunst aufgestutzt, gleicht einem ärmlichen Menschen, der sich durch äußern abstechenden Prunk, welcher ihn nicht kleidet, eine Würde zu geben sucht, die er nicht besitzt. In beiden sieht man sogleich, daß sie nicht füreinander gemacht sind; und so wie der letztere durch sein lächerliches Bestreben, einen wichtigen Eindruck zu bewirken, mehr verliert als gewinnt, eben so sehr verliert eine natürliche Gegend oder Garten-Anlage an dem eigenthümlichen*

113 Vgl. Ch. W. Dohm: Nacherinnerungen, in: KÄMPFER 1779, S. 385ff.

114 BECKER 1799, S. 2-3.

Abb. 83: H. Schmidt nach Anton Graff (1736–1813): Bildnis Wilhelm Gottlieb Becker, Kupferstich.

Werte, den sie sonst besitzen mag, sobald sie mit unnatürlichen und fremdartigen Gebäuden ausstaffiert wird, die weder Beziehung noch Verhältnis zu ihr haben.“[115] Mit seinem Angriff gegen die Gestaltung fremdartiger Szenen in Parks, aufgrund der damit verbundenen Zerstörung des Natureindrucks, unterstütze Becker eine Haltung, die auch sein viel berühmterer Kollege, Christian Cay Lorenz Hirschfeld (1742–1792) (Abb. 84) schon viel früher in seiner „Theorie der Gartenkunst“ und anderen Abhandlungen[116] vertreten hatte: „*Unter allen Gärten, welche die übrigen Welttheile besitzen mögen, haben keine in den neuern Zeiten ein solches Ansehen erhalten als die chinesischen, oder das, was man unter diesem Namen reizend genug geschildert hat. Soviel ist gewiß, daß der Engländer von einem großen Vorurtheil für die Gärten in China bezaubert ist und daß der Franzose und mit ihm der Deutsche sich diesem Vorurtheil zu überlassen anfängt. Man verlangt jetzt nicht etwa Gärten, die mit eigener Überlegung, mit bessern Geschmack, als die alten, angelegt waren; man verlangt chinesische oder chinesisch-engländische Gärten.*“[117] Hirschfeld stellte deutlich heraus, dass der von Chambers propagierte anglo-chinoise Gartentypus im wesentlichen britische und nicht chinesische Vorstellungen umsetzte. Gleichzeitig korrigierte er das von William Chambers nach Europa vermittelte einseitig positive Chinabild wegen dessen mangelnder historischen Wahrheit. Letztlich hatte er in seinen Schilderungen der chinesischen Garten- und Baukunst ganz willkürlich eigenes Gedankengut auf die chinoisen Strukturen projiziert, um ihm durch den Anschein des Exotischen

115 BECKER 1799, S. 2-3.
116 Vgl. HIRSCHFELD 1777, S. 245-258.; vgl. SCHEPERS 1980. S. 62-65.
117 HIRSCHFELD 1775, S. 81.

bei seinen Zeitgenossen eine höhere Anziehungskraft zu verleihen. Vor diesem Hintergrund der Verfälschung der Wirklichkeit kam es bei Hirschfeld, der in seiner Gartentheorie das Wesen der Natur in das Zentrum seiner Überlegungen gestellt hatte, zwangsläufig zur Ächtung chinesischer Tempel und Gartenbauten im europäischen Landschaftsgarten, weil sie im auffälligen Widerspruch zu dessen Grundforderung der Natürlichkeit standen.

Abb. 84: J. D. Heidenreich: Porträt Christian Cay Lorenz Hirschfeld (1742–1792), Kupferstich, 1792.

Das Korrektiv am gesellschaftlichen Wunschbild Ostasiens von Seiten der Philosophie

Außer von der gartentheoretisch-ästhetischen Seite kamen auch von den Positionen der Philosophie kritische Einwände am traditionellen Ostasienbild der Europäer, das die utopische Dimension der Wunschbildprojektionen von Gefilden der Glückseligkeit auf Cathai und Nippon in Frage zu stellen begann.[118] Bereits 1779 hatte Wilhelm Dohm (vgl. Abb. 75) in den „Nacherinnerungen“ zu Engelbert Kämpfers „Geschichte und Beschreibung von Japan“ die einseitig positive Betrachtungsweise zu korrigieren versucht, indem er vor allem *„die unmenschlichste Grausamkeit“* der japanischen Gesetzgebung als Ausdruck herrscherlicher Willkür und *„abscheulicher Despotie“* anprangerte.[119] Johann Gottfried Herder (1744–1803) (Abb. 85) pflichtete solch negativer Einschätzung der fernöstlichen Reiche 1787 in seinen *„Ideen zur Philosophie der Geschichte der Menschheit“* bei, wenn er das Wesen der chinesischen Zivilisation als das *„eines Mongolischen Stammes“* abwertete, das *„in einer Erdecke der Welt zur Sinesischen Sklaven-*

118 Der Wandel des Chinabildes in den literarischen Auffassungen der deutschen Klassik, besonders bei Herder und Goethe, ist ausführlich dargestellt bei: TSCHARNER 1939, S. 74-105.

119 Vgl. Ch. W. Dohm: Nacherinnerungen, in: KÄMPFER 1779, S. 417.

Abb. 85: Anton Graff (1736–1813): Porträt von Johann Gottfried Herder, 1785.

cultur verartet“ sei.[120] Er hatte „*die vortheilhaften Gemälde der Sinesischen Staatsverfassung, die* [...] *beinahe als politische Ideale bewundert wurden*“[121] in ihrer Glaubwürdigkeit stark erschüttert, indem er nun „*das alte Sina am Rande der Welt*“ als „*einen Trümmer der Vorzeit*“ charakterisierte, der „*in seiner halb-Mongolischen Einrichtung stehen geblieben*“[122] war und deshalb wie „*eine mit Hieroglyphen bemahlt und mit Seide umwunden balsamierte Mumie*“ wirkte, deren „*innerer Kreislauf*“ sich „*wie das Leben der schlafenden Winterthiere*“[123] gestaltet. So betrachteten Herder und mit ihm zunehmend die deutsche Aufklärung China als ein „*despotisches Reich.*“[124] Ebenso Japan, dessen „*Regierung als auch die Religion*“ sogar noch „*härter und grausamer*“ eingeschätzt wurden, weil in dessen Kultur „*ein Fortgang zu feinern Wissenschaften, wie sie Europa treibt*“[125], massiv bezweifelt wurde, zumal sie „*in allen Hülfsmitteln*“ und „*in der Bearbeitung ihrer Künste*“ auf „*Sinesischen Ursprung*“[126] beruhte. Mit diesen Feststellungen Herders war in der Zeit um 1800 das traditionell positive Weltbild über Ostasien ins Wanken geraten, obwohl die Generation der frühen Romantiker den Orient noch immer als Synonym des Wunderbaren, als Umschreibung des Herrlichen schlechthin, begriff. Als Beispiel für diese Haltung kann Friedrich Schlegel (1772–1829) (Abb. 86) zitiert werden, der sogar noch 1823 in seiner „Concordia“ „*den chinesischen Staat als das wünschenswerte Gegenbild der geistigen Anarchie Europas bezeichnet*[e].“[127] Ungeachtet dieser polemisch gemeinten positiven Überzeichnung Ostasiens durch den Romantiker verschaffte sich doch Herders negatives Image vom Fernen Osten nach 1800 mehr und mehr Geltung und die Kulturen Chinas und Japans wurden aufgrund ihrer zeremonienhaften Ritualisierung und formelhaften Starrheit immer öfter von Geistesschaffenden angegriffen.[128] Ihre Kritik an den fernöstlichen Despotien

120 HERDER 1790, S. 16.
121 HERDER 1790, S. 9.
122 HERDER 1790, S. 24.
123 HERDER 1790, S. 20-21.
124 HERDER 1790, S. 25.
125 HERDER 1790, S. 31.
126 HERDER 1790, S. 32
127 ROSE 1938, S. 5.
128 Z. B. von August Wilhelm Schlegel, Joseph Görres, Georg Wilhelm Friedrich Schlegel u.a.m. Vgl. auch: ROSE 1938.

verstand sich zugleich als spätaufklärerische Kampfansage an die „*alten Zöpfe*" des noch immer herrschenden Ancien régime, die nun nach der siegreichen Französischen Revolution mit neuer Vehemenz auch im übrigen Europa betrieben wurde. Entsprechend ätzend beurteilte Johann Gottfried Herder die feudalen Ausdrucksformen der fernöstlichen Zivilisationen, wenn er davon sprach, dass „*eine Mongolische Organisation* [dazu gehöre], *um sich in der Einbildungskraft an Drachen und Ungeheuern, in der Zeichnung an jene sorgsame Kleinfügigkeit unregelmäßiger Gestalten, in den Vergnügungen des Auges an das unförmliche Gemisch ihrer Gärten, in ihren Gebäuden an wüste Größen oder pünktliche Kleinheit, in ihren Aufzügen, Kleidungen und Lustbarkeiten an jene eitle Pracht, an jene Laternenfeste und Feuerwerke, an lange Nägel und zerquetschte Füße, an einen barbarischen Troß von Begleitern, Verbeugungen, Ceremonien, Unterschieden und Höflichkeiten zu gewöhnen.*"[129]
Was anderes war solche Kritik an den Lebensformen Ostasiens, als die Preisgabe der feudalen Nachahmer dieser chinoisen Exotismen in der Hofkultur des Spätbarock und Rokoko der Lächerlichkeit durch die aufgeklärte europäische Geisteswelt? Damit hatte Herder die Mode der Chinoiserie gerade zu jenem Zeitpunkt in ihrem entwicklungsgeschichtlichen Nerv getroffen, an dem sie sich anschickte, die irrationalen Phantasiegebilde höfischer Spielereien durch seriöse Zeugnisse authentischer wissenschaftlicher Untersuchungen zu ersetzen. Für den Fortgang ostasiatischer Bauformen in der Architektur und Gartenkunst musste eine derartige Diskreditierung zusammen mit dem Verlust des ursprünglich positiven Symbolwerts nachhaltige Folgen haben. Sie äußert sich zunächst in einer Ambivalenz von stimmungshaft poetisierenden Traumwelten romantischen Fernwehs nach paradiesischen Zuständen einerseits und der trivialen Freude am modisch Fremdartigen, Exotischen, andererseits. Weltanschauliche Positionen wurden nun immer weniger über die Merkmale chinoiser Gartenarchitekturen transportiert.

129 HERDER: 1790, S. 13-14.

Abb. 86: Franz Gareis (1775–1803): Porträt Friedrich Schlegel (1772-1829), 1801.

Nachklänge eines positiv besetzten Ostasienbildes im späten 18. Jahrhundert

Im Zeitalter der Empfindsamkeit der letzten Jahrzehnte des ausklingenden 18. Jahrhunderts dominierten zunächst noch die Vorstellungen eines positiv besetzten Ostasienbildes in Verbindung mit den Idyllenkonzeptionen einer erstrebten Harmonisierung zwischen Natur und Zivilisation. Gerade die Parkanlagen Sachsens entbehrten in dieser Zeit nur selten entsprechender poetisierender Architekturen, die in *„einer idyllischen Landschaft* [...] *die Bilder einer Welt voll Unschuld und* [...] *häuslichen Lebens"* *gerade mit den Mitteln „eines chinesischen Hüttchens"* hervorzauberten, das sich wie in Gamig *„nach allen Seiten* [öffnet]."[130] Bei dem ephemeren Charakter ihrer leichten, hölzernen Bauweise sind die meisten dieser schlichten Staffagen längst vom Erdboden verschwunden und entziehen sich so unserer heutigen Beurteilung. Dieses trifft außer für das chinesische Hüttchen in Gamig bei Heidenau ebenso für den chinesischen Turm im benachbarten Lockwitz,[131] das chinesische Entenhaus im Großen Garten von Dresden[132] (Abb. 87, 88), das nach der Vorlage des schwimmenden Schwanenhäuschens (Abb. 89) aus Grohmanns Ideenmagazin gestaltet wurde, und für die vielen weiteren chinoisen Gartenstaffagen zu, deren ursprüngliche Existenz in den überwiegenden Fällen in Vergessenheit geriet.[133] In Lockwitz gilt der Geheimrat, Domdechant und Prälat des Hochstifts Meißen, Johann Carl Friedrich Graf von Dallwitz (Schaffgotsch) (1742–1796) (Abb. 90), ein Pionier der prähistorischen Archäologie, als der Bauherr des nicht einmal in seiner Gestalt überlieferten Chinesischen Turms, der von Christian Friedrich Schuricht (1753–1823) (Abb.

---

130 HASSE 1804, S. 308. Dieses von Hasse erwähnte „Chinesische Hüttchen" wird wohl kaum mit jenem vor 1731 errichteten kleinen chinoisen Gartenpavillon identisch gewesen sein, der noch bei KOCH 1910, S. 247 abgebildet ist. Vgl. auch: VOGEL 2014, S. 65-66.

131 Vgl. KOCH 1910, S. 345.

132 Vgl. GANßAUGE 1928, S. 20; - VOGEL 2014, S. 67 (dort noch nicht dessen Gestalt identifiziert, die dem Vorbild eines auf dem Wasser schwimmenden Schwanenhäuschen aus Grohmanns IDEENMAGAZIN 1797, Zwölfter Heft, Tab. IV, nachempfunden worden war.

133 Zum Beispiel soll es noch in den 1860er Jahren auch im Garten der Wincklerschen Villa in Chemnitz, Salzstr. 54, einen Pavillon im chinoisen Stil neben einer Maulbeerbepflanzung auf dem Hang, einer Kegelbahn, einem Springbrunnen usw. gegeben haben. Der finanzkräftige Gründungsaktionär der Chemnitzer Schlossbrauerei, Robert Winckler, hatte 1866 selbst König Johann zu einem Gartenfest in dieses Anwesen geladen! (Freundliche Mitteilung von Sybille Fischer, ehemals Schlossbergmuseum Chemnitz, der ich für diesen Hinweis herzlich danke.

Abb. 87: Ludwig Rohbock nach Franz Hablitscheck (1834–1867): Der Große Garten in Dresden mit dem chinoisen Enten- oder Schwanenhaus, Stahlstich, 1857/62.

Abb. 88: Chinoises Enten- oder Schwanenhaus im Großen Garten zu Dresden. Postkarte, 1927,

Abb. 89: Schwimmendes Schwanenhäuschen, 1997.

91) entworfen worden war.[134] Ähnlich in Vergessenheit geraten sind auch jene Bauten, die seinerzeit als japanisch oder ostindisch bezeichnet wurden: etwa der Japanische Parasol auf acht Säulen und ein weiterer Parasol, der im Innern mit ostindischer Mahlerei ausgemalt war, die Otto Carl Friedrich Graf zu Schönburg-Stein (1758–1800) (Abb. 93) etwa zwischen 1790 und 1795 in den Anlagen des Parkes „Greenfield“ bei Waldenburg errichten ließ.[135]

Bis auf die zeitgenössischen Berichte und Vermerke in alten Planunterlagen kündet heute nichts mehr von ihrer einstigen Existenz. Fest steht allerdings, dass sie in größeren gartenprogrammatischen Zusammenhängen mit der Evokation verschiedener utopischer Wunschwelten und mit dem gesteigerten Bildungsanspruch eines verwissenschaftlichten Architekturhistorismus innerhalb der Strömung des ‘archäologischen Klassizismus’ standen.[136] Gemäß dieser Aufgabenstellung

134 Vgl. VOGEL 2014, S. 68.

135 Vgl. KOCH 1910, S. 385-390. Auf dem vom 23. August 1795 vom Gärtner J. B. Eichen erstellten „Grundriß des englischen Parcs by Waldenburg“ sind unter der Nr. 19 ein „Japanischer Parasol auf 8 Säulen“ und unter Nr. 14 „Ein Parasol auf 8 Säulen, inwendig mit ostindischer Mahlerei“ und andere fernöstliche Staffagen verzeichnet. Der Originalplan befindet sich heute im Besitz des Staatsarchivs Dresden. Vgl. auch: SCHMIDT 1931, S. 82-83, 92-94.

136 Vgl. VOGEL 1987, S. 225-235.

Abb. 90: J. S. Schmidt: Porträt von Johann Carl Friedrich Graf von Dallwitz (Schaffgotsch) (1742–1796), Kupferstich, 1784.

Abb. 91: Carl Christian Vogel von Vogelstein (1788–1868): Porträt Christian Friedrich Schuricht (1752–1832), Zeichnung, 1813.

Abb. 92: Karl Philipp Christian von Gontard (1731–1791): Das Drachenhaus in Potsdam-Sanssouci, erbaut 1769/70.

Abb. 93: Anton Graff (1737–1813): Porträt von Otto Carl Friedrich Fürst von Schönburg-Stein/Waldenburg, um 1785/90.

lässt sich auch in vielen Fällen ein Funktionswandel vom gärtnerischen Lusthaus zur assoziativen Staffage beobachten, die nicht selten innerhalb eines Gartenbilds zum Point de vue bestimmt ist. Analog der Ideologie englischer ornamental farms, die das Schöne mit dem Nützlichen zu verbinden suchte, wurde diesen Parkarchitekturen häufig praktische Nutzfunktionen zugewiesen. Schon bei dem als Winzerwohnung genutztem Drachenhaus in Potsdam-Sanssouci (Abb. 92)[137] war das so gewesen und dieser Utilitarismus sollte am Ausgang des Jahrhunderts zu einer Grundtendenz der architektonischen Assoziationsästhetik werden. Zahlreiche Belege lassen sich dafür in vielen Parks Europas finden.

William Chambers und der Beginn der Durchsetzung einer ethnographisch korrekten Imitation chinesischer Bauten in Pillnitz

Die von Chambers ausgehenden Positionen einer auf historischer und ethnographischer Wahrheit sich gründenden Nachahmung chinoiser Bauwerke gelangten in Kursachsen relativ spät zum Zuge. Sie finden sich hauptsächlich in jenen Entwürfen, die etwa 1790 Christian Friedrich Schuricht (1753–1832) (vgl. Abb. 91) in mehreren Varianten für die Gestaltung eines Chinesischen Pavillons (Abb. 94, 95) als Ergänzung der Pillnitzer Parkanlage lieferte.[138] Zweifellos gehören diese Entwürfe bzw. der 1804 in veränderter Form zur Ausführung gelangte kleine chinoise Gartenbau (Abb. 96) zu den „*beste*[n] *europäische*[n] *Nachbildung*[en] *eines*

137 Vgl. VOGEL 2014, S. 128-129.

138 Vgl. HARTMANN 1981, S. 119-121; WELICH 2014, bes. S. 220-222; VOGEL 2014, S. 72-73.

geschlossenen ostasiatischen Bauwerks.“[139] Vor allem in den konstruktiven Elementen des Baukörpers, in der Verbindung der tragenden und lastenden Teile, in der Art und Weise des Aufsetzen des Daches auf den Unterbau kommen nun im Detail Erfahrungen aus der ostasiatischen Skelettbauweise zur Anwendung, die unmissverständlich aus Schurichts Begegnung mit englischen Bauten der Chinamode, besonders aber dem Studium von Chambers Werken resultieren. So schließt einer der Entwürfe für ein Brückengebäude (vgl. Abb. 94) vor allem in seiner Querschnittdarstellung erstaunlich eng an Chambers Schnitt durch ein Kantoner Wohnhaus (Abb. 97) an, bei dem zwar das komplizierte Bauskelett der Dachkonstruktion mit den Quer- und Längsbalken (chin.: liang: 梁, chin.: fang: 枋) nicht übernommen wird, aber dennoch das doppel-S-förmige Dachprofil eine Nachahmung findet. Ergänzt wird diese Imitation durch eine weitere: die Übernahme des Motivs der langen Säulenreihe – gleichfalls Chambers Vorlage entnommen (Abb. 98). Doch ungeachtet Schurichts klar zu erkennendem Bemühen um architektonische Exaktheit im Detail, die zu einzelnen Motivübernahmen führte, handhabte er dieses Formenvokabular bereits ziemlich souverän, denn die Konstruktion erweist sich in ihrer Gesamtgestalt als eigenschöpferisches Produkt, das nach wie vor seine Bindung an die europäische Bautradition nicht leugnet.

Ein zweiter Entwurf Schurichts, aus der Zeit um 1800 (vgl. Abb. 95), gibt die ursprüngliche Variante des Brückenpavillons mit dem an ein chinesisches Fußwalmdach erinnernden Tonnengewölbe zugunsten eines rechteckigen Tempels mit Säulenvorhalle und einer an das chinesische Kreuzdach erinnernde Bedachung auf. Wiederum hatte er in seinem Plan Chambers Vorlagen (Abb. 99, 100) frei nachempfunden, ohne ihm – bei aller Ähnlichkeit – sklavisch zu folgen. Im Gegenteil, in der Struktur des Baus wirkt Schurichts Entwurf gegenüber Chambers Vorgaben sogar noch authentischer, was zeigt, dass der englische Architekt nicht die einzige Quelle seines Wissens über die ostasiatische Baukunst geblieben sein kann.

Im Vergleich mit dem Planentwurf, der das Motiv eines über quadratischem Grundriss sich erhebenden Kernbaus nutzt, dem auf drei frei liegenden Seiten vier Säulen vorgestellt wurden, wirkt

139 HARTMANN 1981, S. 121.

Abb. 94: Christian Friedrich Schuricht (1753–1832): Entwurf zu einem Pavillon im chinesischen Geschmack, um 1790 (oder 1804?).

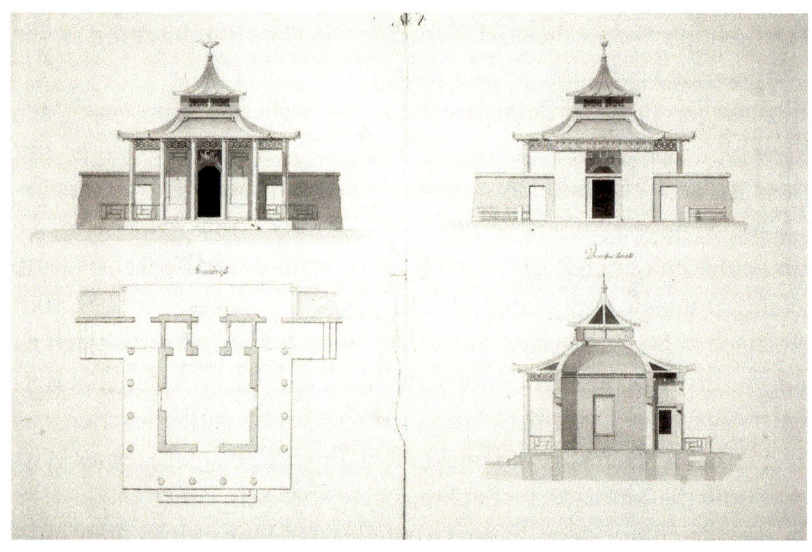

Abb. 95: Christian Friedrich Schuricht (1753–1832): Entwurf zu einem Pavillon im chinesischen Geschmack, um 1790 (oder 1804?).

Abb. 96: Der Chinesische Pavillon im Pillnitzer Schlosspark.

die im Jahre 1804 ausgeführte Realisierung des Pavillons (vgl. Abb. 96) viel gestreckter und graziler. Möglicherweise hatte Schuricht zur Erlangung dieser Gestaltungsmodifikation Anregungen verarbeitet, die er beim Studium vergleichbarer englischer Gartenbauten gewonnen hatte. Zu denken ist in diesem Falle an die gleichfalls William Chambers zugeschriebene kleine Pagode im Wrest Park bei Bedford (Abb. 101)[140], wo sich ein ähnlich doppelt geschweiftes, weit nach oben ausschwingendes Blechdach vorfindet, dessen oberste Spitze in einer Wetterfahne mit Drachengestalt ausläuft. Obwohl dieser Pavillon im Wrest Park viel kleiner und bescheidener ist, besteht doch mit dem Pillnitzer Gartenbau eine grundlegende Gemeinsamkeit, die sich auf die bedingungslose Öffnung des Gebäudes hinein in den Parkraum bezieht. Schuricht gelang diese Öffnung durch das Aufgreifen des Motivs des an drei Seiten überdeckten Säulenganges, der eine optische Verquickung von Innen- und Außenraum möglich macht. Doch im Unterschied zum

140 Vgl. CONNER 1979, S. 68-69.

Abb. 97: William Chambers (1723–1796): Kaufmannshaus in Kanton.

Abb. 98: William Chambers (1723–1796): Pavillon (Ting).

Abb. 99: William Chambers (1723–1796): Pavillon (Ting).

Abb. 100: William Chambers (1723–1796): Pavillons (Ting), Aufrisse.

Wrest-Park-Pavillon, bei dem das zweifach geschwungene Dach nur durch einen schmalen, gegenüber der Grundfläche zurückgesetzten Dachausbau gegliedert wird, akzentuiert in Pillnitz eine aufgesetzte Laterne mit wellenförmig aufgebogener Traufe das Dachprofil, um so den Eindruck des Leichten und Heiteren noch zu verstärken. Auf diese Weise wird deutlich, dass selbst bei diesem weitgehend authentischen ostasiatischen Baubefunden berücksichtigenden Pillnitzer Pavillon, bei dem Reminiszenzen an europäische Architekturtraditionen kaum noch eine Rolle spielten, die assoziationsästhetische Funktion des Baus weiterhin im Vordergrund steht. Im Ensemble des Pillnitzer Schlossgartens fungiert das chinoise Gebäude in erster Linie als charakterbestimmender Stimmungsträger für einen Parkbereich, dessen empfindsame Intentionen fortgesetzt aus der Vorstellungswelt der sentimentalen Gartenkunst gespeist wird, um der Sehnsucht nach Glückserfüllung in exotischer Ferne zu imposantem Ausdruck zu verhelfen. Dem diente augenscheinlich auch die prächtige chinoise Ausmalung des Gebäudeinneren mit diversen Szenen chinesischer Landschaftstypen, denen Stichvorlagen aus Reiseberichten zugrunde lagen (Abb. 102). Höchstwahrscheinlich zeichnete

Abb. 101: William Chambers (1723–1796): Chinesischer Pavillon im Wrest Park bei Flitwick.

Abb. 102: Johann Ludwig Giesel (1747–1814) nach William Alexander (1767–1816): Ausmalung des Chinesischen Pavillons in Pillnitz, Südseite.

auch für diese Malereien wieder Johann Ludwig Giesel verantwortlich. Die Nutzung des Baus als Rückzugsort vom offiziellen Hofleben war später spektakulär mit den hier veranstalteten Sitzungen des Prinzen Johann und seiner Accademia Dantesca[141] verbunden. Wie die chinesischen Philosophen trat der Kreis der romantischen Danteforscher im Pavillon in geistiger Klausur zusammen, um Fragen humanistischer Bewusstseinsbildung gemeinsam zu erörtern.

Tendenzen der Trivialisierung des chinoisen Baugedankens in der sächsischen Gartenkunst nach 1800

Unübersehbar hatte mit Schurichts Pillnitzer Pavillon die chinoise Baukunst nicht nur in Kursachsen, sondern auch im übrigen Deutschland und Europa, ihren gestalterischen Höhepunkt erreicht und überschritten, denn mit aufkommender Romantik änderte sich die Einstellung gegenüber Ostasien grundsätzlich. Das führte in der Gartenkunst zum deutlichen Abklingen der chinoisen Bauwerke, die nun stärker als zuvor als Relikte der mit dem höfischen Rokkoko verbundenen Chinamode begriffen wurden.[142] Herders Kritik an den despotischen Reichen des Fernen Ostens zeigte allmählich Wirkung, so dass die ehemals positive Symbolik der Glücksverheißung und weisen Regierung, die diese Bauten implizierten, ad absurdum geführt wurde. Wenn in nachfolgender Zeit gelegentlich trotzdem noch chinoise Gartenarchitekturen entstanden, dann blieb deren ikonologische Absicht entweder auf einer früheren Entwicklungsstufe sentimentaler Parkstaffagen stehen oder verstand sich als Ausdruck einer inzwischen eingetretenen allgemeinen Trivialisierung, die nicht allein die Ostasienmode, sondern überhaupt den inflationären Gebrauch verschiedenster Requisiten in der Gartenausgestaltung betraf. Längst hatte eine serienhafte Schematisierung der gartenkünstlerischen Architekturformen eingesetzt, die in Gestalt reichhaltig angebotener Musterbücher – etwa von Le Rouge, Grohmann u.a.m. – zu einer kommerziellen Verflachung der einstigen künstlerischen Ideale geführt hatte.[143]

141 Vgl. NEIDHARDT 1976. S. 237; HARTMANN 1981, S. 161; NEUMEISTER 2001.

142 Vgl. HALLINGER 1996.

143 Vgl. LE ROUGE 1774FF.; IDEENMAGAZIN 1796 / 1802.; KLEINES IDEEN-MAGAZIN O.J.; BAUMGÄRTNER, UM 1804; Vgl. zur Problematik: HOFFMANN 1963. S. 151-153

Mit den Musterbüchern war der Trend zur beliebig häufigen Reproduzierbarkeit des jeweiligen Staffageentwurfs und damit die Tendenz zum potentiellen Massenartikel – analog unserer heutigen Versandhausprodukte – gegeben. Nach Definition der Herausgeber solcher Musterbücher sollte mit derartig leicht verfügbaren Entwürfen nach authentischen oder auch phantastischen Vorbildern ein Massenbedürfnis befriedigt werden, das den Grundsätzen der immer deutlicher sich Bahn brechenden bürgerlichen Ordnung gerecht werden wollte: „*Die sich in unseren Tagen immer mehr ausbreitende Liebe zum Landleben, und der damit verbundene Wunsch der Großen und Vermögenden, sich ihren Landaufenthalt so viel wie möglich zu verschönen, und ihren Besitzungen den Reiz des Gefälligen zu geben, hatte unserm großen Ideenmagazin für Liebhaber von Gärten und Englischen Anlagen* [...] *fast in den meisten Ländern Europens eine so ausgezeichnete und gute Aufnahme gesichert, daß wir die schätzbare Aufmunterung des geehrten Publikums auf alle mögliche Weise zu verdienen strebten. Dabei hielten wir es auch für unsere Pflicht, auch derjenigen Klasse des Publikums, die keinen großen Aufwand machen will oder kann und sich ihres kleinen Eigenthums gemeiniglich mehr erfreuet, der unschuldigen Freuden des Landlebens in höherem Grade genießt, als die reichere, weil es oft die einzigen sind, die sich in ihren Verhältnissen findet, um einen geringen Preis eine verhältnismäßig sehr große Anzahl von Ideen zu Gegenständen der Verschönerung des Landes, die größtentheils mit sehr geringen Kosten ausgeführt werden können, und einen angenehmen Anblick und süßen Aufenthalt gewähren, in die Hände zu geben,* [...] *und ihnen durch dasselbe die Verschönerung ihrer kleinen Landbesitzung erleichtern helfen.*“[144] Zugleich wurde die Begründung für das Festhalten an exotischen Staffagen mitgeliefert: „*Dem Landguth- oder Gartenbesitzer sind seine Besitzungen Puppe. Der Mensch will bis ins höchste Alter etwas zum tändeln haben. Kann er hier und da Veränderungen anbringen, so fühlt er sich glücklicher, er findet Zeitvertreib. Einheit ermüdet: blos englische oder italienische Architectur angewendet bey kleynen und großen Gebäuden in einer*

bzw. LISSOK 2010, S. 48-57.

144 KLEINES IDEEN-MAGAZIN, Vorbericht zur zweiten Auflage, S. 1.

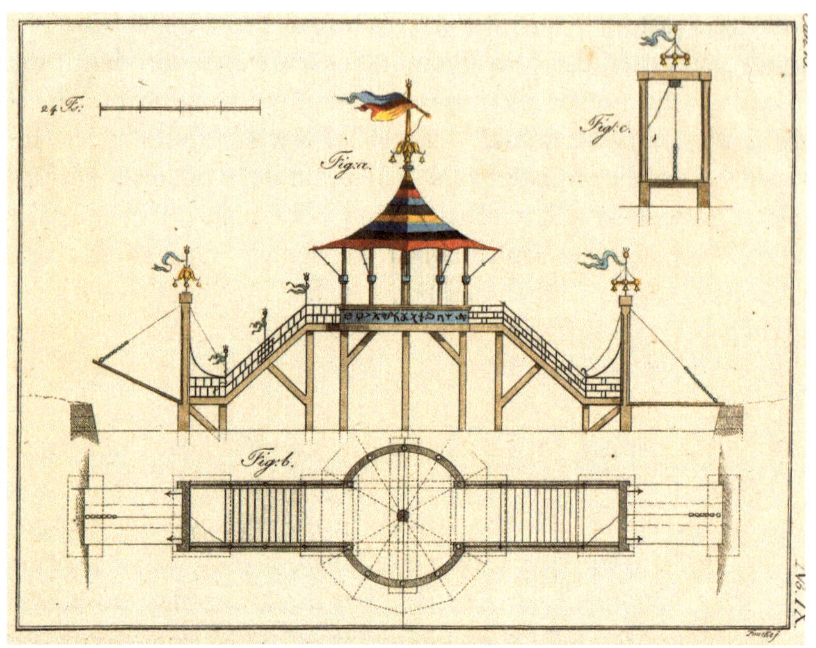

Abb. 103: Brücke in echt Chinesischem Geschmack, Kupferstich, 1798.

und derselben Besitzung macht Langweil und beschäftigt die Fantasie nicht genug. Wir hatten uns daher überzeugt, daß unsere Absicht, Ideen von den Bauarten aller Nationen zu entlehnen, mit allgemeinen Beyfall aufgenommen werden wird: nur müssen sie den Reiz des Gefälligen und einer wohlfeilen Ausführung in sich fassen.“[145]

Aus diesen Absichtserklärungen der Herausgeber solcher Ideenmagazine für Gartenliebhaber wird ersichtlich, dass längst die alten Assoziationsfunktionen der exotischen Parkarchitekturen in den Hintergrund getreten waren. Jetzt dokumentierte sich in ihnen weder feudales Repräsentationsstreben absolutistischer Machtverhältnisse noch aufklärerische Erziehungs- und Bildungsideale: allein das Interesse an der Kuriosität des Fremdartigen, Exotischen war übriggeblieben, um sich durch seine optische Ausgefallenheit vom Normalfall abzuheben. Der einstige Anspruch auf Glückserfüllung in einer imaginären Wunschwelt wurde nun vom passiven Sich-hinein-fühlen in die Natur in ein die aktive Rolle der Selbstverwirklichung betonendes Tätigwerden

145 BAUMGÄRTNER UM 1804, Heft 1, S. 1 (Vorbericht zum neuen kleinen Ideen-Magazin).

umgewandelt, indem sich der gartenkünstlerische Dilettant durch die Auswahl genormter Muster fremdländischer Bauwerke quasi die ganze Welt im Kleinen selbst zusammenzimmern konnte. Dass dabei eine historische und ethnographische Authentizität der Vorlagen gefordert war, lag schon aus Gründen der Glaubwürdigkeit der potentiellen Bauherren auf der Hand. Um dieser Zielstellung zu genügen, wiesen die Herausgeber der diversen Musterkataloge ausdrücklich darauf hin, dass die von ihnen propagierten „*Ideen, die bey fremden Nationen wirklich vorhanden sind und durchaus keine Abänderung leiden* [wie] *z. B. der chinesische Tempel aus Chambers Chinesischer Baukunst.*“[146] Unter dieser Voraussetzung war es gleichgültig geworden, ob sich das gartenarchitektonische Bild der Wunschwelt an China, Japan, Siam, Ägypten, O-thahiti, Persien oder Arabien orientierte, denn die Assoziationskraft seines Ausdrucks stand allenfalls für allgemeines Fernweh, nicht aber für das Ideal einer als vorbildlich erachteten Kultur. Desgleichen war inzwischen die originäre, nachahmende Erfindungskraft der europäischen Architekten weitgehend bedeutungslos geworden, weil ihn die vorgegebenen Muster in seiner Kreativität einschränkten und er durch den Zwang, sich an die Vorlagen halten zu müssen, mehr oder minder zum Kopisten degradiert wurde.

Abb. 104: Anton Graff (1736–1813): Porträt Joseph Friedrich von Racknitz, Ölgemälde um 1770.

Deshalb konnte es nicht ausbleiben, dass die auf Anregungen aus Musterbüchern beruhenden ostasiatischen Bauten in ihrer inflationären Wiederholbarkeit und billigen Materialausführung das modische Massenbedürfnis nach derartigen Gebäudeformen sehr schnell sättigten. Ihre Vielzahl, die bis in bescheidenste Privatgärten vordrang,

146 BAUMGÄRTNER UM 1804, Heft 1, S. 2.

Abb. 105: Johann Friedrich August Tischbein (1750–1812): Porträt Christian Ludwig Stieglitz, 1804.

erzeugte ihrerseits bald Langeweile und Überdruss, da eine gewisse Einförmigkeit der Bauten trotz ihres exotischen Charakters nicht zu vermeiden war. Gelungene Bauten, wie etwa die chinesische Brücke im Park zu Eythra[147] (vgl. Abb. 103) fand dabei selbst in den Ideenmagazinen Niederschlag und wurde auf diese Weise zum Vorbild für ungezählte Nachfolgebauten.[148]

Letztendlich dokumentiert sich jedoch in derartigen Musterkatalogen nur der erlahmende Erfindergeist der zeitgenössischen Gartenarchitekten, die mit vertiefter Kenntnis über die Baukunst fremder Kulturen nicht mehr den Antrieb zu eigenständigen Entwürfen fanden, zumal das nach 1800 neu sich herausformende Gartenideal des klassischen Landschaftsparks zunehmend ohne Staffagearchitekturen auskam. Unwiederbringlich hatte nach 1800 die große Zeit exotischer Assoziationsästhetik in der deutschen Gartenkunst ihren Zenit überschritten und ihr Schwanengesang wurde durch die billigen Massenprodukte nach den Vorbildern der Musterbücher nur noch beschleunigt. Demzufolge kann es wohl kaum ein Zufall sein, wenn sich nahezu kein Exemplar dieser billigen, modischen Massenprodukte bis in die Gegenwart erhalten hat, denn mit dem Verschwinden der Mode wurden auch die Bauten beseitigt.

Diese Entwicklung konnte auch nicht von gelehrten Ästheten, Gartentheoretikern und Architekten wie Wilhelm Gottlieb Becker (1753–1813) (vgl. Abb. 83), Johann Gottfried Grohmann (1763–1805), Josef

147 Die Chinesische Brücke im Garten des Grafen Jacob Friedemann von Werthern (1739-1806) zu Eythra bei Markleeberg , wählte J. G. Grohmann als Vorbild für einen seiner Entwürfe im Ideenmagazin 1796-1802, Bd. 2, Heft 13, Bd. 3, Heft 25; vgl. KOCH 1910., S. 392. Die Umgestaltung der Anlage von Schloss und Park Eythra erfolgte seit 1784, dem Zeitpunkt der Rückkehr des Grafen aus dem diplomatischen Dienst in Spanien. Vgl. BRÜNING 1989.

148 Derselbe Brückentypus fand auch 1803 bei der Umgestaltung des Parks von Frederiksberg Have in Kopenhagen Verwendung.

Abb. 106: Siegel nach Johann Adolf Darnstedt (1769–1844): Die chinesische Brücke, Kupferstich.

Abb. 107: Unbekannter Stecher: Das Wasserhaus (im Chinesischen Styl), Kupferstich.

Abb. 108: Carl Friedrich Schäffer (1779–1837): Ein Pavillon im Styl der Chineser, Kupferstich, 1798.

Friedrich Freiherr von Racknitz (1744–1818) (Abb. 104)[149] Johann Gottfried Klinsky (1765–1828)[150] u. a. m. aufgehalten werden, die mit ihren Schriften und künstlerischen Darstellungen zahlreiche Versuche unternahmen, dem „guten Geschmack“ in der Gartenkunst aufzuhelfen. Bemerkenswert ist in diesem Zusammenhang der Beitrag, den der Leipziger Architekturhistoriker Christian Ludwig Stieglitz (1756–1836) (Abb. 105) mit seinem Buch „Gemählde von Gärten im neuern Geschmack“[151] geleistet hat. Ausführlich schilderte er darin die beiden Grundtypen des Landschaftsgartens seiner Zeit, den idyllisch-heiteren und den erhaben-ernsten als vorbildwirksame Muster und in beiden Typen verzichtet er aus Gründen einer abwechslungsreichen Vielfalt auch nicht auf die Einbeziehung chinoiser Architekturen. Besonders im Hinblick auf die *„Anzahl der Brücken* [...] *verlangt* [er] *Mannigfaltigkeit,* [da es] *ermüdend* [werden] *würde,* [...] *wenn alle Brücken einerley Form hätten und nach einerley Styl angelegt wären.*“[152] So hat der Besitzer des einen Mustergartens *„eine Chinesische Brücke gewählt, um diese* [Garten-]*Partie mit der vorhergehenden und mit dem einfachen Landhause,* [...] *auf eine*

149 Vgl. RACKNITZ: 1796.
150 Vgl. KLINSKY 1799.
151 Vgl. STIEGLITZ 1798.
152 STIEGLITZ 1798, S. 15.

Abb. 109: Carl Friedrich Schäffer (1779–1837): Zwei Brücken im chinesischen Styl, Kupferstich, 1799.

angenehme Weise in Kontrast zu setzen: eine Sache, die in großen Gärten nöthig ist, um mehrere Abwechslung hervorzubringen, und um nicht eintönig zu werden."[153] (Abb. 106). Für den anderen Gartentyp mit dem Ausdruck der Erhabenheit empfahl er ein „*Wasserhaus* [als ...] *Gartensitz im Chinesischen Style*" (Abb. 107), dessen hoher Unterbau zugleich als Fischbehälter genutzt wurde. Zwei große Treppen führten indessen zu einer Fähre am Strom hinab, „*die neben dem Wasserhause steht und einer Chinesischen Gondel gleicht.*"[154] Durch die Lage des chinesischen Bauwerks jenseits eines Gewässers aktualisierte Stieglitz noch einmal den alten Topos der entlegenen, glücklichen Gefilde, dessen utopischesr Wunschbildcharakter sich noch immer mit Cathai und Nippon verband.

Abb. 110: Charles Etienne Piere Motte (1785–1836) nach Henri Grevedon (1776–1860): Porträt Maximilian Speck von Sternburg (1776–1856), Lithographie, 1826.

Ähnlich sind auch die chinoisen Architekturbeispiele zu werten, die Wilhelm Gottlieb Becker in die vier Lieferungen seiner „Neuen Garten- und Landschafts-Gebäude" mit einbezog: auf Platte 5a und 5b ein prachtvoller „P*avillon im Styl der Chineser*" (Abb. 108) und auf Platte 34 „*zwei Brücken im chinesischen Styl*" (Abb. 109).[155] Sie sollten zur „*Verschönerung der Natur- und Landwohnungen*" den Bedürfnissen der „*großen Liebhaberei an Garten-Anlagen*" dienen und verhindern, dass „*geschmacklose Bauten*" aufgestellt würden. Becker erhob den „*Anspruch auf Neuheit.*" Ihm lag daran, „*neue Gedanken zu Gartengebäuden zu liefern,*

153 STIEGLITZ: 1798, S. 16., Das Modell der Brücke modifiziert die Vorlage, die CHAMBERS 1757 als Taf. VII zeigt und die auch KRAFFT 1809 fast unverändert in Heft 1, Taf. 8, wiederholt. Vgl. LISSOK 2014, S. 54-55.

154 STIEGLITZ: 1798, S. 109.

155 Vgl. BECKER 1798/99.

um Gartenfreunden die Wahl zu erleichtern, oder sie auf unbenutzte Ideen zu leiten.“[156] Doch fruchtete dieser Wunsch nach Erneuerung wenig, denn die dort vom Dresdener Architekten Carl Friedrich Schäffer (1779–1837) gelieferten Entwürfe berücksichtigen zwar stärker als vordem neue Erkenntnisse über die Strukturen ostasiatischer Baukunst, doch der inzwischen eingetretenen geistigen Entleerung der chinoisen Architekturkonzeptionen in Europa vermochten auch sie nicht Einhalt zu gebieten. Es erstaunt deshalb kaum, wenn die Entwürfe nirgendwo ausgeführt wurden.

Der Park von Lützschena

Einen letzten ernsthaften, aber zweifellos verspäteten Versuch, chinoise Staffagebauten in eine sentimental-romantische Gartenanlage Sachsens einzubeziehen, unternahm Ritter Max von Speck Freiherr von Sternburg (1776–1856) (Abb. 110) im Park seines Rittergutes Lützschena bei Leipzig, nachdem er 1825, genesen von einer schweren Verwundung, die er sich in Russland zugezogen hatte, in seine Heimat zurückgekehrt war. Noch ganz dem Geist romantischer Empfindsamkeit verpflichtet, erwuchs die Anlage zunächst um ein russisches Haus, dessen Errichtung dem feierlichen Gelöbnis zu danken ist, das der Bauherrn auf seinem russischen Krankenlager abgegeben hatte.[157] Schnell wurde die Anlage bereichert durch zahlreiche andere Staffagen, unter denen natürlich auch mehrere chinoise Gebäude nicht fehlen durften, um den Eindruck einer Welt im Kleinen zu erzielen. Dazu gehörten ein Kiosk im orientalischen Geschmack, ein chinesisches Ringelspiel, ein chinoiser Parasol auf der Badeinsel (Abb. 111)[158] sowie ein orientalisches Enten- und Taubenhäuschen für die Brasilianer und Tibetaner Ziegen.[159] Obwohl der romantische Rittergutsbesitzer Max Speck von Sternburg im Sinne der gesellschaftlichen Restauration mit seiner Anlage in Lützschena seinem Stand noch einmal zu altem Glanz verhelfen wollte, war er doch zugleich bürgerlich kalkulierender Unternehmer genug, um die ökonomische Seite seines zum Mustergut ausgebauten Anwe-

156 BECKER 1798/99, S. 3.

157 Vgl. SPECK VON STERNBURG 1842, S. 22-23.

158 Vgl. LOOS 1826, Taf. 3; VOGEL 2014, S. 100.

159 Vgl. ANONYM 1830, S. 15, 18, 30; VOGEL 2014, S. 100.

Abb. 111: Friedrich Loos (1797–1890): Ansicht vom Gartendamme auf die Badeinsel. Lithographie, 1826.

Abb. 112: Carl August Richter (1770–1848): Die Pillnitzer Schlossanlage um den Lustgarten mit Neuem Palais, kolorierter Stich, 1825.

sens nicht zu vernachlässigen. Auf der Basis der Erträge, die ihm seine Wirtschaft abwarf, erlaubte er sich den persönlichen Luxus eines privaten Refugiums, im dem durch die Mittel der Assoziationsästhetik alte idyllische Traumbilder heraufbeschworen wurden. Cathai und Nippon gehörten offensichtlich noch immer dazu.

Das Neue Schloss zu Pillnitz, das Finale chinoiser Architekturen in Sachsen

Hatte in Sachsen die Entwicklung chinoiser Gartenarchitekturen in Pillnitz ihren künstlerischen Ausgangspunkt genommen, so beschloss sie ihn auch hier. Den Anlass dazu bot die endgültige Fertigstellung der dortigen Anlagen mit dem Projekt des Neuen Schlosses (Abb. 112)[160], nachdem das alte Pillnitzer Schloss in der Mittagsstunde des 1. Mai 1818 einer Feuersbrunst zum Opfer gefallen war. Um die entstandene Baulücke schnell zu schließen, erteilte König Friedrich August I. an seinen Oberlandbaumeister Christian Friedrich Schuricht den Auftrag zur Errichtung des Neuen Palais, mit dem der gesamte Schlosskomplex von Pillnitz, in einer dritten und letzten Bauperiode von 1818 bis 1826, seinen Abschluss finden sollte. Schuricht sah sich bei dieser Aufgabenstellung vor das komplizierte Problem gestellt, das harmonische Gebilde der Vorgängerbauten Pöppelmanns und Weinligs mit seinem Ergänzungsbau zu einer organischen Einheit zu verschmelzen. Unter diesem Gesichtspunkt spielte für ihn eine intensive Auseinandersetzung sowohl mit der Formenwelt Ostasiens als auch mit der des europäischen Barock eine herausragende Rolle, bot doch deren Kenntnis beim Ergänzungsbau eine weitgehende Gewähr, die gestalterische Einheitlichkeit des gesamten Schlosskomplexes zu wahren, ohne dass das bereits Vorhandene nur kopiert wurde. Gemäß dieser Maßgabe bediente sich Schuricht in seinen Gestaltungsabsichten eines neuen Prinzips des Historisierens, das nicht mehr im Sinne des archäologischen Klassizismus ethnographische Stilreinheit erstrebte, sondern aus Achtung und Ehrfurcht vor den vorhandenen Bauzeugen der Vergangenheit eine künstlerische Konformität zwischen den Baukörpern der

160 Vgl. VOGEL 2014, S. 73-75.

Abb. 113: Das Neue Palais im Garten zu Dresden-Pillnitz.

einzelnen Entwicklungsstufen zu erreichen suchte.[161] Obwohl natürlich Schuricht bemüht war, zugleich auch Stilprinzipien seiner eigenen Zeit in diesem anspruchsvollen neuen Schlossbau Geltung zu verschaffen, konzentrierte sich dennoch sein Hauptaugenmerk auf die organische Einbindung der Gestalt und der Lage des Neuen Palais in den vorgefundenen Komplex. Ihm gelang dies vor allem durch das Aufgreifen eines älteren Plangedankens aus dem letzten Drittel des 18. Jahrhunderts. (Abb. 113)[162], wo seitlich des Hauptbaus ebenerdige Galerien auf viertelkreisbogigem Grundriss eine harmonische Verbindung zu Wasser- und Bergpalais herstellen. Auf diese Weise gewinnt der Schlosskomplex auf der Lustgartenseite den Charakter einer gewaltigen Dreiflügelanlage, die in ihrer harmonischen Proportionierung schon dadurch besticht, dass das neu hinzugekommene Palais im Umriss der Dach- und Gebäudeform die von Pöppelmann vorgegebenen Grundstrukturen wieder aufgreift: geschweifte Dächer mit bizarr

161 Vgl. PEVSNER 1965, S. 13.
162 Vgl. HARTMANN 1981, S. 141.

durchbrochenen Schornsteinen über risalitförmig gegliedertem Unterbau, der genau wie beim Wasser- und Bergpalais durch eine galerieartige Verbindung zwischen Haupt- und Seitenpavillons geschaffen wird. Schurichts Anlehnung an dieses klassische Prinzip des barocken Lustschlosses hat die gestalterische Einbindung in den vorhandenen Schlosskomplex ebenso erleichtert wie die bereits von Pöppelmann und Weinlig praktizierte Aufnahme klassizierender Gestaltungsmittel. So stehen die monumentalen Säulenportici an Haupt- und Seitenrisaliten in ihrer schweren, schon „biedermeierklassizistisch"-ionischen Ordnung nicht im Gegensatz zur vorhandenen Architektursprache; vielmehr verstehen sie sich nur als bereichernde Variation auf Pöppelmanns korinthisierende Vorgaben am Wasser- und Bergpalais. Obwohl in Schurichts Fassadengestaltung insgesamt die Elemente seiner eigenen Zeit dominieren, bleibt trotz sparsamsten Gebrauchs chinoisen Dekors der Eindruck einer ostasiatischen Architekturassoziation gewahrt. Diese bezieht ihren Charakter in erster Linie aus der Betonung des aus dem Attikageschoß aufragenden Uhrtürmchens, das wiederum mit Schweifdach und in seiner schlanken Gestalt entfernt fernöstlichen Turm- bzw. Pagodenformen nachempfunden wurde. Diesem Eindruck dienen auch die Sprosseneinteilung der Fenster in der Uhrenstube, die flankierenden Drachen am Turmfuss und eine Wetterfahne in Drachengestalt. Sie alle weisen phantasiereiche ostasiatische Dekore auf, mit deren Hilfe die Suggestion einer fernöstlichen Fabelwelt hergezaubert werden sollte. Wie stark sich auch Schuricht in die Bauformen von Pöppelmann und Weinlig einfühlte, in einem Gestaltungselement wird doch erkennbar, dass er die eigenen architektonischen Richtlinien dem Prinzip der historisierenden Anpassung überordnete. Das trifft in erster Linie auf die von Pöppelmann „chinois" genutzte Hohlkehle zu. Schuricht verwarf diese barock verschleifende Form der Verbindung des Gebäudekerns mit dem Dachansatz und bevorzugte stattdessen ein hart profiliertes Gebälk, wie es die spätklassizistische Bautradition seiner eigenen Zeit von ihm forderte. Dergestalt erschöpft sich sein historisierendes Anpassungsvermögen nicht in einer phantasielosen Nachahmung; vielmehr erweist sie sich durch ihre Einordnung in die Gestaltungsweise der eigenen Gegenwart als eine schöpferische Leistung, die behutsam und verantwortungsvoll das künstlerische Erbe fortentwickelt. Dort, wo sich Schurichts Absichten nicht in optischer Nähe zur überlieferten Tradition von Pöppelmann und Weinlig befand, nämlich an der Rückfront zum Fliederhof, verließ er selbstbewusst das historisierende Prinzip der Konformität und ersetzte es durch Bauformen, die in ihrem biedermeierlichen Klassizismus einzig dem Gestaltungswillen der eigenen Zeit verpflichtet blieben. In einer Hinsicht wich er dabei trotzdem nicht von der Zielstellung seiner Vorläufer ab: dem Ausdruck spätfeudalen Repräsentationswillens. Dies war ein Tribut an die politischen Kräfte des Ancien régimes, denen ungeachtet des voranschreitenden Verfalls der alten Ordnung eine Phase der Restauration gelungen war, die sich kurz vorm Übergang zur bürgerlichen Konstitution noch ein letztes Mal die assoziationsästhetische Evokation einer heilen, glücklichen Welt in Gestalt eines fernöstlichen Lustschlosses erlaubte.

Chinoise Architekturen in den Thüringischen Kleinstaaten

Historischer Hintergrund und politische Besonderheiten der Thüringer Territorien

Nachdem in Auswirkung des Thüringer Erbfolgekrieges schon 1248 Thüringen zu einem Bestandteil des wettinischen Territoriums geworden war, kam es am 26. August 1485 bei der „Leipziger Landesteilung" zusammen mit der Kurwürde an die Ernestinische Linie des sächsischen Herzogshauses. Doch schon am 19. Mai 1547 ging in der „Wittenberger Kapitulation" nach der Schlacht von Mühlberg die Kurwürde wieder verloren, die nun Johann Friedrich I. (1503–1554) an den Repräsentanten der Albertiner, an Herzog Moritz (1521–1553), abtreten musste. Damit waren Thüringen die Voraussetzungen zur Entfaltung einer starken absolutistischen Zentralgewalt genommen und eine grundsätzliche Schwächung der Landesherrschaft erfolgte durch die zahlreichen Erbteilungen, durch die das Land in der Folgezeit vollkommen aufgesplittert wurde. So bestanden im Rahmen des obersächsischen Reichskreises am Ende des 17. Jahrhunderts – der Zeit, in der mächtige deutsche Territorialfürsten damit begannen, ihren Anspruch auf Repräsentation, Macht und Reichtum mit den idealen ostasiatischen Kaiserreichen zu vergleichen – zehn Linien der Ernestiner, neun der Reuß und drei der Schwarzburg neben Teilen, die dem Erzstift Mainz bzw. Brandenburg unterstanden. Vor diesem Hintergrund einer politischen Kleinstaaterei fehlte natürlich die Kraft zu ähnlichen Machtdemonstrationen wie sie der verwandte Kurfürst-König August der Starke mit Hilfe der Baukunst hatte betreiben können. Wenn auch in den thüringischen Kleinstaaten die wirtschaftliche und politische Potenz eines großen absolutistischen Hofes wie in Dresden fehlte, so wollten dennoch die hier selbstherrlich regierenden Potentaten der Ernestiner und anderen Adelsfamilien nicht auf höfische Repräsentation verzichten. Ludwig der XIV. und sein Versailles galt auch ihnen allen als unerreichbares Vorbild fürstlicher Hofhaltung. Zwar führte das zum Ausbau einer Vielzahl kleinerer Residenzen, zu denen selbstverständlich auch Gartenanlagen gehörten,

Abb. 114: Johann Ernst Heinsius (1731–1794) nach Johann Georg Ziesenis (1716-1776): Porträt der Anna Amalia Herzogin von Sachsen-Weimar-Eisenach, geb. Prinzessin von Braunschweig-Lüneburg (1739–1807), Ölgemälde, ca. 1769.

Abb. 115: Anna Amalia Herzogin von Sachsen-Weimar-Eisenach (1739–1807): Garten am Wittumspalais mit chinesischem Pavillon (Ausschnitt), aquarellierte Federzeichnung, um 1785.

doch fehlte ihnen allen – soweit heute überschaubar – das chinoise Gartenbauwerk des Barock, sieht man von einzelnen Innenraumdekorationen in den thüringischen Schlössern einmal ab. Das ist schon deshalb nicht erstaunlich, weil bei aller fürstlicher Selbstüberschätzung die Thüringer Herrscher in ihrem Repräsentationsanspruch doch nicht so weit gingen, um mit den Großen des Reiches, vor allem den deutschen Kurfürsten, gleichziehen zu wollen. Vor allen Dingen betraf das die Versuche des bildhaften Kräftemessens mit den idealen Kaisern der fernöstlichen Reiche, wie wir das bei August dem Starken haben beobachten können und so erklärt sich, dass die chinoise Baukunst in den Thüringischen Staaten in der Barockzeit eigentlich keine Rolle spielte.
Erst in der zweiten Phase der europäischen Chinoiserie, im Zeitalter des aufgeklärten Absolutismus, entwickelten auch die Thüringer Fürsten Interesse und Begeisterung für chinoise Bauten in ihren Gartenanlagen. Dass dabei aufklärerisches Gedankengut

einer mit Nippon und Cathai sich verknüpfenden humanisierten Glücks- und Gegenwelt verbunden war, kann als selbstverständlich vorausgesetzt werden. Gerade bei den in ihren politischen Machtbefugnissen eingeschränkten kleinen Territorialfürsten spielten Gedanken der Humanität in ihrer Herrschaftsführung eine herausragende Rolle, leiteten sie doch davon in Zeiten einer sich anbahnenden Krise des alten Feudalsystems ihre politische Legitimation ab.[163] Die Förderung der Wissenschaften, Kultur und Künste war demzufolge eine der Hauptaufgaben, die sie sich stellten, um damit letztlich an ihren kleinen Musenhöfen der Beförderung des Humanismus dienlich zu sein. In dieser Hinsicht hatte der Hof von Weimar deutsche, ja europäische Geschichte geschrieben und es erstaunt daher kaum, wenn hier die ersten sicheren Zeugnisse chinoiser Gartenarchitekturen in Thüringen auftauchen.

Abb. 116: Gottlieb Martin Klauer (1742–1801): Porträtbüste Adam Friedrich Oeser, Gips.

Chinoise Bauten am Hofe zu Weimar

Das wohl erste Gebäude dieser Art ist mit dem Namen von Anna Amalia (1740–1804) (Abb. 114), der Witwe des Herzogs Ernst August Konstantin von Sachsen-Weimar (1737–1758), verknüpft, die seit 1758 die Regentschaft für den unmündigen Erbprinzen Carl August (1757–1828) ausübte und sich nach Übergabe der Regentschaft an den Sohn seit 1776 das Wittumspalais als ihren Witwensitz einrichtete. Zu diesem vom fürstlich-sächsischen Landbaumeister Johann Gottfried Schlegel gebauten Palais erwarb sie einen „*zwischen dem Stadtgraben und der Mauer liegen-*

163 Vgl. RITSCHL 1880, S. 397-426, bes. S. 420.

Abb. 117: C. Brandt nach Adam Friedrich Oeser (1717–1799): Wandbild für den Chinesischen Pavillon (heute: Roter Turm von Belvedere), Chinesen mit einer Waage vor chinesischer Landschaft, um 1820.

den Landstreifen hinzu [auf dem] *ihr 'Englischer Garten*"[164] jenseits der großen Stadtmauer entstand. Mit dieser Stadtbefestigung war ein Turm verbunden, den Anna Amalie durch Umkleidung in ein chinesisches Tempelchen (Abb. 115)[165] verwandeln ließ. Maßgeblichen Einfluss auf die Innen- und Außengestaltung hatte dabei Goethes Leipziger Zeichenlehrer, der Maler, Radierer und Bildhauer Adam Friedrich Oeser (1717–1799) (Abb. 116), dem seit 1759 die Direktion der Leipziger Kunstakademie anvertraut war.[166] Schon 1818 musste das chinesische Tempelchen weiteren Baumaßnahmen weichen, so dass uns nur ein winziger Ausschnitt aus dem „Grundriß und Cavalier-Perspektive der Fürstlichen Sächsischen Residenzstadt Weimar", 1785 von Johann Friedrich Lossius gezeichnet, ein ungefähres Bild vom Gartenpavillon vermittelt. Dort überragt der Wehrbau auf rundem oder halbrundem Grundriss weit die Stadtbefestigung und dient als Belvedere sowohl zum alten geometrischen Rokokogarten hin als auch zur neuen Englischen Anlage mit ihren Schlängelwegen. Ein einfaches, geschweiftes Kegeldach schließt das über hoher Basis in Lisenen gegliederte Bauwerk ab, das sich durch Fenstertüren in alle Richtungen nach draußen öffnet. Beim Abbruch im Jahre 1818 konnten Teile der von Oeser stammenden Innendekoration geborgen werden, die chinesische Landschaften und Figurenszenen darstellen (Abb. 117), mit denen die Verstärkung des heiter und glückselig stimmenden Charakters des Gebäudes bewirkt werden sollte, zugleich aber mit seiner Ikonographie auch aufklärerischem Gedankengut aus der Freimaurerei Geltung verschaffte, verstand sich doch der exotische Bau als ein Tempel der Aufklärung, in dem die rationale Erkenntnis der Welt in ihren naturwissenschaftlichen Ge-

Abb. 118: Georg Oswald May (1738–1816): Porträt Johann Wolfgang Goethe, 1779.

164 EHRLICH 1978, S. 10.
165 EHRLICH 1978, S. 10.
166 EHRLICH 1978, S. 10.

Abb. 119: Johann Melchior Kraus (1737–1806) nach Johann Friedrich August Tischbein (1750–1812): Porträt Carl August Herzog von Sachsen-Weimar-Eisenach, 1796/97.

Abb. 120: Pagode (Kohlenmagazin) auf der Insel des Küchteichs im Weimarer Schlosspark.

Abb. 121: Georg Melchior Kraus (1737-1806): An der Klause im Herzogl. Park bey Weimar (mit der Chinesischen Bogenbrücke im Hintergrund), Kolorierte Radierung, 1788.

setzmäßigkeiten ebenso zum Ausdruck gebracht wurden wie die masonischen Vorstellungen von der Gleichwertigkeit aller Menschen.[167] Der seit 1775 in Weimar ansässige Johann Wolfgang von Goethe (1749–1832) (Abb. 118), enger Freund des regierenden Herzogs Carl August, hatte sich nach anfänglicher Begeisterung für die sentimentalische Gartenkunst nach seinen in den Jahren 1776, 1778 und 1783 erfolgten Besuchen des Dessau-Wörlitzer Gartenreiches bald wieder von der empfindsamen Parkgärtnerei distanziert und im gleichen Zug den zur Künstelei entarteten Sentimentalismus verworfen. Spöttisch attackierte er schon 1777/78 in seinem satirischen Lustspiel „Triumph der Empfindsamkeit" die naturschwärmerische Sucht seiner Zeitgenossen, die Natur in einer Maskarade vorzuführen und Alltagsbanalitäten in Gewänder der Erhabenheit zu verkleiden:

„Denn, nota bene! in einem Park
Muß alles ideal sein,
Und salva venia jeden Quark
Wickeln wir in eine schöne Schal' ein.
So verstecken wir zum Exempel
Einen Schweinestall hinter einem chinesischen Tempel."

167 Vgl. Ibidem und JOHN 1999.

Der Angriff auf die Chinoiserie, die europäische Vorliebe für den chinesischen Geschmack, richtete sich nur gegen dessen ästhetische Auswüchse, gegen das naturwidrig Verschrobene und die spielerischen Schnörkeleien der späten Rokokokultur, die in ihrer wuchernden Phantastik ohnehin kaum etwas mit chinesischer Baukunst gemein hatten.[168] Die Wertschätzung der fernöstlichen Weisheitslehren und damit das positive Chinabild in seiner staatsrechtlichen Überlegenheit gegenüber Europa stellte er hingegen nicht in Frage.

Je mehr sich Herzog Carl August (1757–1828) (Abb. 119) für die Gartenkunst begeisterte, desto mehr zog sich Goethe aus diesem Metier zurück, ohne dem Freund freilich auch weiterhin mit Rat und Hilfe zur Verfügung zu stehen. Das hielt offensichtlich weder Carl August noch Herzogin Anna Amalia davon ab, inmitten des Weimarer Küchteichs, auf einer Insel vorm Schloss gelegen, einen hölzernen Kohlenbunker in Gestalt einer vierstöckigen Pagode zu errichten (Abb. 120)[169]. Der schlichte Bau auf quadratischem Grundriß, der sich von Geschoß zu Geschoß verjüngt, war vermutlich noch vor der Zeit des Schlossbrandes von 1774 und damit vor Goethes einsetzender Kritik entstanden. Gemäß dem Wunsch der Zeit, das Schöne mit dem Nützlichen verbinden zu wollen, hatte es überall in der zweiten Hälfte des 18. Jahrhunderts in der Gartenkunst dazu geführt, dass nüchterne Zweckbauten durch assoziationsästhetische Ausschmückungen in ihrer Bedeutsamkeit „veredelt" wurden, um so die Banalität der Nutzfunktion zu verbergen. Deutlich zeigte Goethes ironisierende Distanz zu diesem trivialisierenden Trend in der Gartenkunst auf Dauer Wirkung, denn bereits 1802 wurde der Bau zusammen mit der Verfüllung des Küchteichs zur Schaffung eines Exerzierplatzes aufgegeben.[170] Gleichwohl war damit der Traum vom Glück in Gestalt ostasiatischer Wunschbilder in der Weimarer Gartenkunst noch nicht ausgeträumt, denn seit ca. 1778 ergänzte eine Chinesische Brücke (Abb. 121)[171] im Typus der auf Palladio zurückgehenden Bogenbrücke das Ensemble der im Ilmpark assoziativ hervorgerufener Wunschwelten, die zwischen ländlicher Idylle, heroischer Erhabenheit in antikisierender Formensprache und Naturgenuss im fernöstlichen Flair oszillieren.

168 Vgl. TSCHARNER 1939, S. 81.
169 Vgl. VOGEL 2014, S. 155-156.
170 Vgl. BURKHARDT 1907, S. 27.
171 Vgl. VOGEL 2014, S. 156-157.

Abb. 122: Chinesische Gondel aus dem Park Belvedere.

Exotische Sehnsuchtsorte des Glücks in den Parks zu Hildburghausen und Belvedere in Weimar

Hildburghausen, das im 13. Jahrhundert den Grafen von Henneberg gehörte, gelangte erst 1374 durch Heirat zusammen mit dem Amt Heldburg an die Landgrafen von Thüringen/Markgrafen von Meißen. Hier fiel es innerhalb der Ernestinischen Linie der Wettiner zunächst an Sachsen-Coburg, nach deren Aussterben an Sachsen-Altenburg und danach von 1672 bis 1680 an Sachsen-Gotha. Nach dem Tode Herzogs Ernst des Frommen von Sachsen-Gotha (1601–1675) übernahmen seine sieben Söhne die Regierung. Der von ihnen am 24. Februar 1680 geschlossene Vertrag über die Erbfolgeordnung[172] hatte schließlich die Aufteilung der Erblande zur Folge. Herzog Ernst (1655–1715), der sechste Sohn Ernst des Frommen, erhielt bei der vorgenommenen Teilung die Ämter und Städte Hildburghausen, Heldburg und Eisfeld, das Amt Veilsdorf und das Amt Schalkau, außerdem noch 1683 das Amt Königsberg sowie 1705 das Amt Sonnefeld. Zunächst in Arolsen residierend, begann Herzog Ernst 1683 mit dem Ausbau der Residenz Hildburghausen, wo unter anderem ein Schloss mit barockem Park errichtet wurde. Seine Nachfolger zeichneten sich allesamt durch große Prachtliebe aus, die schließlich unter Herzog Ernst Friedrich III. Carl (1727–1780) das Land vollständig in den finanziellen Ruin stürzte, weshalb das

172 Der Hauptvertrag wurde erst 1683 geschlossen.

thüringische Ländchen schon 1769 unter kaiserliche Zwangsschuldenverwaltung genommen werden musste.[173] Eine furchtbare Feuersbrunst hatte überdies das Unglück des kleinen Landes im Jahre 1779 vermehrt, als ein Drittel der Häuser Hildburghausens in Schutt und Ascher gelegt wurden. Entsprechend erbte nach dem Tode des Vaters der noch minderjährige Herzog Friedrich (* 29. April 1763 in Hildburghausen; † 29. September 1834 in Hummelshain) eine traurige Hinterlassenschaft, die ihn zur Behebung der Schuldenkrise zwang, verschiedene Reformen im Lande durchzuführen. Aus diesem Grunde konnte er sich nur in äußerst knappen finanziellen Spielräumen bewegen und Mittel für eine grundlegende Umgestaltungen des Schlossparks standen ihm nicht zur Verfügung. Dennoch ließ Herzog Friedrich, seit 1785 mit Charlotte von Mecklenburg-Strelitz, einer Schwester der Königin Luise von Preußen, vermählt, Pläne zur Umwandlung des barocken Schlossgartens in einen englischen Landschaftsgarten nicht fallen, obwohl die Realisierung erst im Jahrzehnt von 1792 bis 1802 erfolgen konnte. Doch noch ehe es zu dieser Gartenmodernisierung kam, wurde innerhalb der alten Anlage, gemäß der damaligen Mode, eine bescheidene chinesische Hütte auf dem Absatz errichtet, „*die besonders der lieben Herzogin ein lieber Aufenthalt war.*“[174] Es ist nicht bekannt, wann und von wem dieser kleine Gartenpavillon gebaut worden war. Schon 1792 verweigerte „*die Debitkommission die Erlaubnis zur Wiederherstellung,*“[175] des Gebäudes, weil dessen Baufälligkeit schon so vorangeschritten war, dass nur noch dessen Abbruch sinnvoll erschien. Ohne ein weiteres Zeugnis in Gestalt einer Ansicht bzw. eines Planes hinterlassen zu haben, ist es seither verschwunden und vergessen. Aufgrund der bevorzugten Nutzung des kleinen chinoisen Gartenhäuschens durch die junge Herzogin

Abb. 123: Carl Vogel (?): Bildnis des Herzogs Friedrich von Sachsen-Hildburghausen, Pastell, ca. 1790.

173 Vgl. Schriften des Vereins für S.- Meiningsche Geschichte. Heft 65, S. 233.
174 FISCHER 1938, S. 99, vgl. auch: VOGEL 2014, S. 88.
175 FISCHER 1938, S. 99, vgl. auch: VOGEL 2014, S. 88.

Abb. 124: Der Kirchturm zu Wenigenlupnitz mit chinoisem Dach.

lässt sich allerdings auf eine sentimentale Staffage des Spätrokoko schließen, die im damaligen Sinne paradiesisches Glücklichsein mit der Imagination Ostasiens verband. Gleiche Funktion erfüllte auch der Gebrauch der Chinesischen Gondel (Abb. 123)[176] auf dem angestauten Weiher des Possenbachs im Park von Belvedere, wo Herzogin Anna Amalia zusammen mit ihrem Gefolge die Vergnügungen der chinesischen Kaiser beim Drachenbootrennen und bei den Lustpartien zu Wasser hatte nachempfinden können, so wie sie William Chambers in seiner Abhandlung „Ueber die orientalische Gartenkunst“ in aller Ausführlichkeit beschrieben hatte.[177]

Abb. 125: Herzogs Georg I. von Sachsen-Meiningen (1761–1803), Ölgemälde, ca. 1790.

Wenigenlupnitz - ein Gotteshaus mit chinoisem Kirchturm

Zweifellos bildet die Einbindung chinoiser Architekturformen in den Kirchenbau des Klassizismus eine seltene Ausnahme. Dennoch lässt sie sich im Jahre 1796 in dem kleinen Dörfchen Wenigenlupnitz, östlich von Eisenach gelegen, beobachten, als es zum völligen Umbau des früheren gotischen Gotteshauses kam. Seinerzeit wurden im Turmbereich auch deutlich chinoise Gestaltungsmomente mit aufgenommen (Abb. 124).[178] „*Wie ein Rundtempelchen auf einem in japanischer Weise ausschwingenden Pagodendach thront* [dort] *die Laterne mit ihren Rundsäulchen, ihrem zarten Brüstungsgitter und ihrem strengen, geraden Abschluß auf dem alten Unterbau.*“[179]

Sicher entspricht das stark konkav geschwungene Dach der modischen Formensprache der Zeit, doch ist eine Verbindung mit dem fernöstliche Bauformen nutzenden assoziationsästhetischen Gehalt nicht auszuschließen. Möglicherweise fanden in der pagodenhaften

176 Vgl. VOGEL 2014, S. 157.
177 Vgl. VOGEL 2019, S. 111-112.
178 Vgl. VOGEL 2019, S. 111-112.
179 WOHLFAHRT 1961, S. 68.

Abb. 126: Williard nach Gustav Täubert (1817–1913): Japanisches Häuschen bei Altenstein. Farblithographie.

Abb. 127: Unbekannter Künstler nach A. Schröder: Das chinesische Häuschen bei Schloss Altenstein, Xylographie, um 1870.

Dachform des Kirchturms spätaufklärerische Ideale ihren Niederschlag, die die Lehre göttlicher Weisheit nicht allein auf den christlichen Kulturkreis des Abendlandes eingrenzte, sondern im Weltmaßstab begriff. Um diese Hypothese stützen zu können, müssten jedoch differenziertere Unterlagen über Auftraggeber und Bauverlauf vorliegen, die dem Autor leider nicht zugänglich waren. Infolgedessen kann solch Interpretationsversuch nur spekulativ sein.

Abb. 128: Ferdinand Thierry († 1833): Rotunde im Park Altenstein. Kolorierte Zeichnung

Park Altenstein

Das gewiss bedeutsamste chinoise Ensemble auf thüringischem Boden wurde im Zuge der Parkgestaltungen geschaffen, die Herzog Georg I. von Sachsen-Meiningen (1761–1803) (Abb. 125) seit 1798 bis zu seinem Tode im Park Altenstein zu Bad Liebenstein vornahm. Geplant war damit die repräsentative Ausgestaltung der Anlage zum Sommersitz für die herzogliche Familie, in deren Besitz sich Altenstein seit 1722 befand. Die anstehenden Baumaßnahmen wurden hauptsächlich als Notstandsarbeiten von etwa 200 bis 300 arbeitslosen Bergleuten durchgeführt, die auf diese Weise wenigstens vorübergehend in Lohn und Brot standen. Während die Planung des Parkgeländes mit seinen zahlreichen Staffagen der Empfindsamkeit weitgehend selbst in den Händen des Herzogs lag, blieb deren Ausführung vor allem den Mitgliedern der Gärtnerfamilie Buttmann und deren Helfern vorbehalten.[180] Unter geschickter Einbeziehung der vorhandenen Zechsteinfelsen (Bryozoenriffen) wurde die Parkanlage noch ganz im Sinne der sentimentalen Empfindsamkeit mit

180 Vgl. BANSEMER O. J.

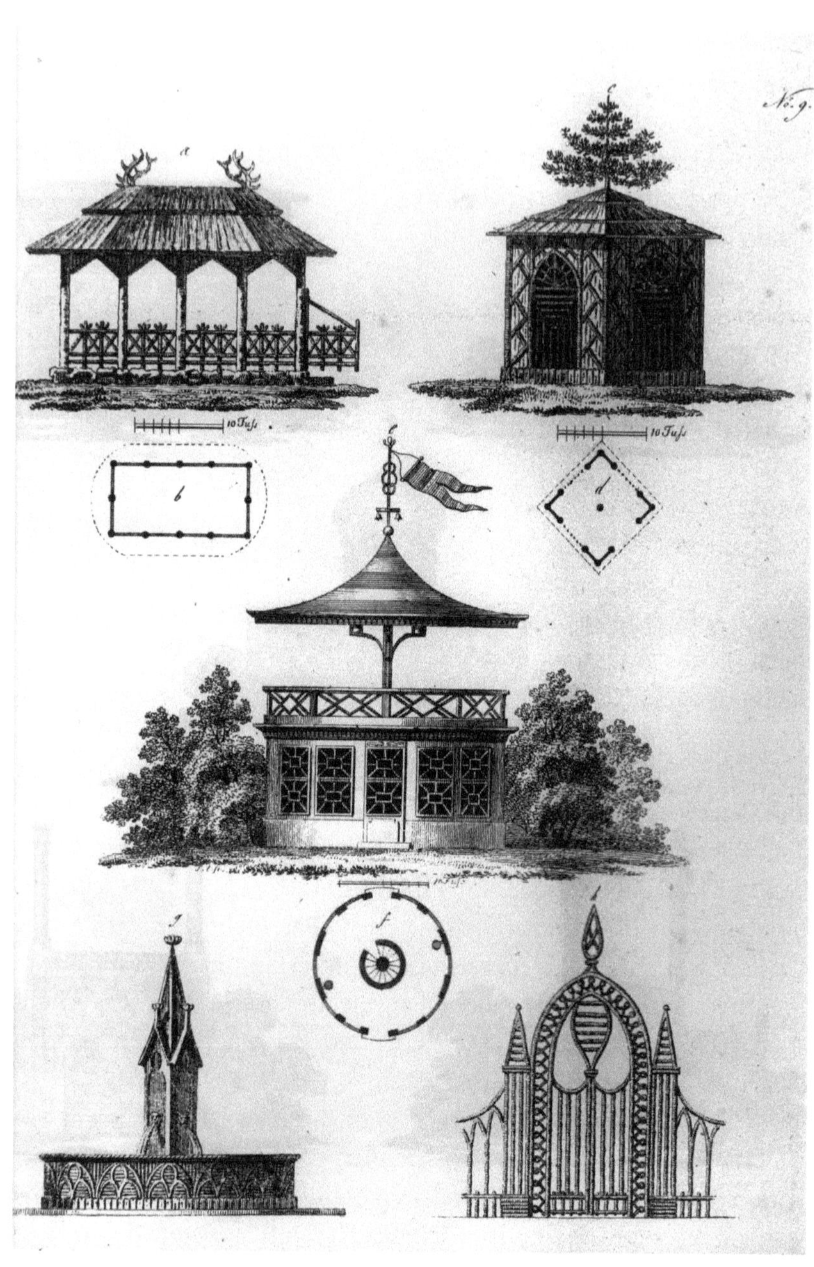

Abb. 129: Chinesische Rotunde.

einer Vielzahl von Staffagearchitekturen ausgestattet, zu denen neben einer Ritterkapelle im gotischen Stil, einer Schweizer Sennhütte im Luisenthal mit künstlichem Wasserfall[181] vor allem auch das Japanische oder Chinesische Häuschen (Abb. 126, 127)[182] gehörte, das im Jahre 1800 auf dem Gipfel des frei stehenden Hohlestein-Felsens errichtet wurde und erst 1923 wieder verschwand. Zusammen mit der Chinesischen Rotunde (Abb. 128)[183], südöstlich auf dem höchsten Punkt des Parkes gelegen und ebenfalls 1800 von dem Rudolstädter Architekten und Landschaftsmaler Wilhelm Adam Thierry (1761–1823) errichtet, dienten beide Bauten als Belvedere zur Überschau über das Gartenareal sowie auf das Werratal und die Vorberge der Rhön. Anzumerken ist, dass sich Thierry beim Entwurf der Rotunde an einer der Vorlagen aus Grohmanns Ideenmagazin orientierte (Abb. 129). Eine schwankende Kettenbrücke[184] – als Teufelsbrücke bezeichnet – vervollständigte schließlich dieses chinoise Ensemble innerhalb des erhaben wirkenden Parkbereichs, der in bewusstem Kontrast zur kleinräumigen Landschaftsidylle des Alpenhäuschens im Luisenthal gesetzt war. Bemerkenswert ist die geschickte gestalterische Nutzung der Zechsteinfelsen für das Parkprogramm, das, ähnlich wie die Anlage der Markgräfin Wilhelmine von Bayreuth (1709–1758) (Abb. 130), in Sanspareil bei Wonsees dem Typus des Felsengartens zuzuschreiben ist, der seinerzeit von der ostasi-

Abb. 130: Vermutlich Jean-Étienne Liotard (1702–1789): Porträt der Wilhelmine von Preußen, Markgräfin von Brandenburg-Bayreuth, 1745, Pastell

181 Vgl. LOHFELDT/VOSS1910, S. 37-40.

182 Vgl. VOGEL 2014, S. 103.

183 Vgl. PAULUS 2003, S. 40, 48, 53; VOGEL 2014, S. 103-104.

184 Exotische Brückenmotive galten in europäischen Parkanlagen der Empfindsamkeit schon immer als chinois, weil sie mit der hohen Kultur der Brückenbaukunst in China in Verbindung gebracht wurden, über die die Reiseberichte zahlreich informierten. Eine ähnliche Kettenbrücke bezog auch Herzog Franz von Anhalt Dessau in sein aufklärerisches Brückenprogramm im Wörlitzer Park mit ein, wo sie zusammen mit dem Gefühl des Erschauerns vermutlich auch das Bild Ostasiens hervorrufen sollte.

Abb. 131: G. Vogel nach Johann Gottfried Klöppel (1748–1798): Der Reigerfelsen, Kupferstich, 1793.

Abb. 132: Johann Gottfried Klöppel (1748–1798): Die Äolusgrotte zu Sanspareil, Kupferstich, 1793.

atischen Gartenkunst angeregt worden war. Schon George Meister, der japanreisende Hofgärtner aus Dresden, berichtete in seinem „Orientalisch-Indianischen Kunst- und Lust-Gärtner“ [185]über seine Erfahrungen mit den fernöstlichen Felsengärten: „*Ich füge hier nicht unbillich an, wie die Japonner und Chineser ihre Gärten bauen und, anstatt schöner Statuen, mit Klippen zieren. Keine größere Ergötzlichkeit mag sich diese Nation einbilden, als wenn sie nur große und hohe Klippen in ihren Gärten haben, welche zwar nicht von der Natur, sondern von ihren eigenen Händen inventieret und also movierlich gemacht sind, daß sie solche Klippen und artige Felsen bald hier wegnehmen und an einem andern Ort oder Garten ohne Schäden transportieren können; welche Klippen ihnen, anstat der von Marmor und Alabaster gearbeiteten Statuen, dienen; sie pflegen auch eine hohe Klippe mitten in den Garten zu setzen, welches also geschiehet: Sie machen von Erde einen hohen Berg und besetzen denselben mit allerhand Steinen, welche zum Teil mit Moos bewachsen und sonst von der Natur artig gewachsen sind, von unten bis oben an, also, daß tausend von Europäern, wer sie sonst noch nicht gesehen, meinen sollten, daß sie Gott und die Natur und keine Menschenhand gebildet habe.*“[186] Bizarre Felsformationen, die zum festen Bestand ostasiatischer Gärten gehörten, hatte schon William Tempel (1628–1699) als bemerkenswerte Erscheinung in seiner Schrift „Upon the Gardens of Epicurus: or, Of Gardening, in the Year 1685“ hervorgehoben und William Chambers (1723–1796) wiederholte diesen Verweis auf die Schönheit der künstlichen Steinsetzungen in der fernöstlichen Gartenkunst.[187] Erst 1793 hatte der Bayreuther Landschaftszeichner und -stecher, Johann Gottfried Köppel (1749–1798), bei Walter in Erlangen sein Werk „Die Eremitage zu Sanspareil“ in 12 Kupfertafeln mit Text herausgegeben, die mit den Blättern des Reigerfelsens (Abb. 131) und des Äolustempels (Abb. 132) vermutlich unmittelbar auf Herzog Georg I. gewirkt haben, so daß er sich im weitesten Sinne zu deren Nachahmung veranlasst sah. Denn ähnlich wie in Sanspareil führte auch in Altenstein eine in den Fels gehauene Treppe in unregelmäßigen Windungen zu dem kleinen, schiefergedeckten Holzhaus auf der Felsspitze em-

185 Erste Auflage 1692, Nachauflagen 1710, 1713, 1730, 1731 (vgl. Anm. 41).
186 MEISTER: 1692, S. 118-119.
187 Vgl. CHAMBERS 1757, S. 17.

por, über dessen quadratischem Grundriss sich beinahe ein würfelförmiger Kubus erhob, der von einem weit überkragendem, geschweiften Zeltdach bekrönt wurde. Geschweifte Fenster- und Türbekrönungen ergänzten ebenso das chinoise Aussehen des Pavillons wie die am Dach hängenden kleinen bunten Glasglöckchen, welche sich zart klingend im Winde bewegten. Abgesehen von diesen Äußerlichkeiten der Chinamode befand sich auch im Innern des Pavillons eine Tapetenausstattung *„im chinesischen Geschmack aus der Zeit um 1800.“*[188] Unterhalb des Japanischen oder Chinesischen Häuschens ließ der Herzog eine Felsspalte im Gesteinsmassiv künstlich erweitern, so dass *„bisweilen eine doppelte Äolsharfe wehmütigen Klang in das Tal hinab* [tönte].“[189] Ähnlich wie die Windharfe am Äolustempel in Sanspareil wurde auch hier in Altenstein jenes akustische Prinzip genutzt, das schon bei geringer Luftbewegung in einsamen Wald- und Felsgegenden eine melancholische Tonfolge auslöste. Dies entsprach noch ganz dem Geiste des Sentimentalismus, dessen Glücksgefühle sich häufig mit künstlich hervorgerufener Wehmut verband. Derartige Gefühlssteigerungen hatten aber nichts mit fernöstlicher Empfindungsweise gemein, waren vielmehr typischer Ausdruck damaligen mitteleuropäischen Zeitempfindens. Der Imagination Ostasiens diente die äußere Gestalt der Staffagebauten im Rahmen der bizarren Felsformationen, die für das europäische Auge einen authentischen Felsgarten hervorzuzaubern schienen. So zeigte sich die Chinesische Rotunde (vgl. Abb. 128) als ein chinoiser *„Rundbau mit einem Durchmesser von ca. 10 m. Dessen* [unteres] *Geschoß war geschlossen und hatte rechteckige Fenster. Im Innern führte in der Mitte eine hölzerne Wendeltreppe zu dem rings offenen Obergeschoß empor. Dies war in seiner ganzen Größe durch ein aus Holz construiertes rundes Dach von der Form eines Regenschirms bedeckt,* [während sich] *Wandgemälde mit Figuren aus dem chinesischen Leben* [...] *im untern Geschoss* [befanden].“[190] Schon aus der Beschreibung der Altensteiner Bauten wird deutlich, dass sich Herzog Georg I. noch nicht von den Typen der chinoisen Rokokoarchitektur gelöst hatte und damit an einer traditionellen

188 LOHFELDT/VOSS 1910, S. 38.
189 KULTURBUND DER DDR, 1985, S. 15.
190 LOHFELDT/VOSS 1910, S. 40.

Baugesinnung festhielt, die die inzwischen gewonnenen Erkenntnisse über authentische Architekturformen des Fernen Ostens unberücksichtigt ließ. Selbst die vermeintliche Orientierung am Typus ostasiatischer Felsengärten hatte nur wenig mit dem Original zu tun. Letztlich verlor die chinoise Baukunst in Europa nach 1800 immer mehr ihren utopischen Wunschbildcharakter und wandelte sich stattdessen zu einem spektakulären Schaustück, dem die Freude am Spiel mit dem Kuriosen und Exotischen anzumerken ist. Zwar blieb mancher Bauherr dieser assoziationsästhetisch weitgehend entleerten Auffassung verpflichtet, nur besaß sie nun noch kaum Relevanz für die weitere kulturelle Entwicklung der Gattung.

Die Waldgaststätte „Japan" in Bleicherode

In welch geringem Maße es schon ausreichte, das Element des Ostasiatischen nur als kurioses Spektakel für Außergewöhnliches zu nutzen, macht zum Beispiel die Errichtung der Waldgaststätte „Japan" (Abb. 133)[191] in der heute nordthüringischen Kleinstadt Bleicherode deutlich.[192] Hier hatte schon 1791 der wohlhabende Manufakturherr Wilhelm Müller auf einem Berggrundstück in seinem Gartenhaus eine Raststätte eingerichtet, für die er die Konzession zum Bierausschank erhielt, die er aber weiter verpachtete. Um die Attraktivität des an sich gewöhnlichen Ausflugslokals steigern zu können, wurde 1832 das Restaurant durch einen geräumigen Kaffeegarten und Terrasse erweitert. Desgleichen sollte 1835 ein Saalanbau, ausgestattet mit wertvollen chinoisen Tapeten aus Frankreich (Abb. 134 b), dieser Zielsetzung dienen. Den damals angebrachten Tapeten verdankte schließlich das Etablissement am Rande des Städtchens seinen exotischen Namen „Japan".[193] Chinoise Bauformen waren nun nicht mehr nötig, um Besucher anzulocken. Es reichte eine spektakuläre Innendekoration, die den Gästen das Gefühl verlieh, zeitweilig in fernöstlichen Gefilden zu verweilen. Die Nähe zur Kommerzialität heutiger Chinarestaurants ist ganz offensichtlich. Damit hatte die chi-

191 Vgl. VOGEL 2014, S. 52.

192 Bleicherode befand sich seit 1326 unter wettinischer Lehnshoheit in den Händen der Grafen von Honstein. Nach dem Ende des Dreißigjährigen Krieges fiel es an Brandenburg-Preußen und ging später im preußischen Regierungsbezirk Erfurt auf. Im Verlauf des 18. Jahrhunderts gelangte hier die Leineweberei zur vollen Reife.

193 Vgl. THÜNGERTHAL 1992. S. 28.

Abb. 133: Das Waldhaus „Japan" in Bleicherode.

noise Assoziationsästhetik einen Punkt erreicht, der sie faktisch auf ihre Ausgangssituation vom Trianon de porcelaine zurückführte, wo es ebenfalls zur Evokation der Wunschwelten von Cathai und Nippon bereits ausreichte, wenn das Gebäudeinnere entsprechend mit fernöstlichen Luxuswaren und Gebrauchsgegenständen ausstaffiert war. Nur ist inzwischen der ursprünglich gesellschaftsutopische Anspruch von kommerziellen Aspekten verdrängt worden. Eine Weiterentwicklung chinoiser Architektur in Europa schien auf dieser Grundlage nicht mehr möglich und sinnvoll zu sein. Was uns nachfolgend in chinoiser Gestalt an Bauwerken entgegentritt bewegt sich, ungeachtet der genauesten Berücksichtigung bauhistorischer Authentizität, entweder mit hoher Werbewirksamkeit am Rande panoptikumhafter Schaustellungen in Vergnügungsparks, auf internationalen Messen usf. oder beansprucht den Charakter von lehrbuchhafter Imitation japanischer Teegärten oder chinesischer Felsenparks innerhalb großzügiger Gartenschauen und Volksparkprogrammen. In diesem Zusammenhang dienen chinoise Architekturen der Verdeutlichung multikultureller Zusammenhänge in der Gartenkunst mit dem Impetus, breite Volkschichten gleichzeitig zu vergnügen und zu belehren. Der kunst- und kulturhistorische Wert dieser Bauten liegt jetzt auf einer völlig anderen gesellschaftlichen Ebene.

Abb. 134 a, b: Blick in die Gaststätte des Waldhauses „Japan" in Bleicherode mit den französischen Wandtapeten chinesischer Landschaften. Postkarte (unten), Außenansicht, 2018 (oben).

Literatur

ACKERMANN 1855: Gustav Adolph Ackermann: Ordensbuch sämtlicher in Europa blühender und erloschener Ehrenzeichen. Annaberg 1855. (Leipzig, o. J.).

ANONYM 1778: Anonym: Beschreibung des Lustschlosses und Gartens Sr. Königl. Hoheit des Prinzen Heinrichs Bruder des Königs, zu Rheinsberg wie auch der Stadt und der Gegend um dieselbe. Berlin 1778, S. 56 (Unveränderter fotomechanischer Nachdruck, Potsdam-Sanssouci 1985).

ANONYM 1830: Anonym: Spaziergang nach Lützschena und dessen Umgebungen. Ein Wegweiser für Freunde der Natur, Kunst und Landwirtschaft. Leipzig 1830.

BANSEMER O. J.: Erhard Bansemer: Die Buttmanns. Zu Leben und Werk einer Meininger Gärtnerfamilie. In: Almanach 7 für Kunst und Kultur im Bezirk Suhl. o. O. u. o. J.

BAUMGÄRTNER, UM 1804: F. G. Baumgärtner (Hg.): Neues kleines Ideen-Magazin für Gartenliebhaber. Leipzig o. J. (um 1804).

BECKER 1798/99: Wilhelm Gottlieb Becker (Hg.): Neue Garten- und Landschafts-Gebäude. Erste bis vierte Lieferung. Leipzig 1798/99.

BECKER 1799: W(ilhelm) G(ottlieb) Becker: Der Plauische Grund in Dresden mit Hinsicht auf Naturgeschichte und schöne Gartenkunst. Nürnberg 1799.

BEUTEL 1894: Beutel: Dresdener Geschichtsblätter. Bd. III. Jg. 1894.

BRÜNING 1989: Ortlef Brüning: Das Schloß zu Eythra – Bauideen zwischen Weimarer Musenhof und Leipziger Bürgerkultur. In: Ernst Ullmann (Hrsg.): „...die ganze Welt im Kleinen". Kunst und Kunstgeschichte in Leipzig. Leipzig 1989. S.172-183.

BURKHARDT 1907: C. A. H. Burkhardt: Die Entstehung des Parks in Weimar. Weimar 1907.

CHAMBERS 1757: William Chambers: Designs of Chinese Buildings, Furniture, Dresses, Machines, and Utensils", London 1757.

CLIFFORD 1966: Derek Clifford: Geschichte der Gartenkunst. München 1966.

CONNER 1979: Patrick Conner: Oriental Architecture in the West. London 1979.

CZOK: Karl Czok: August der Starke und Kursachsen. Leipzig 1987.

CZOK 1989A: Karl Czok: Geschichte Sachsens. Weimar 1989.

CZOK 1989 B: Karl Czok: Am Hofe August des Starken. Leipzig 1989.

DECKER 1759: P(aul) Decker: Chinese Architecture, Civil and Ornamental.

Being a Large Collection of the Most Elegant and Useful Designs of Plans and Elevations & c, From the Imperial Retreat to the smallest Ornamental Building in China. Likewise their Marine Subjects. The Whole to adorn Gardens, Parks, Forests, Woods, Canals & c. Consisting a great Variety, among which are the following, viz. Royal Garden Seats, Heads and Terminations for Canals, Alcoves, Banqueting Houses, Temples both open and close, adapted for Canals or other Ways, Bridges, Summer-Houses, Repositories, Umbrello'd Seats, cool Retreats, the Summer Dwelling of a Chief Bonza or Priest, Honorary Pagodas, Japaneze and Imperial Barges of China. Also Those fort he Emperor's Woman, and principal Officers attending on the Emperor, Pleasure Boats, & c. To which are added, Chinese Flowers, Land-scapes, Figures, Ornaments, & c. The Whole neatly engraved on Twenty-Four Copper Plates, from real Designs drawn in China, Adopted to this Climate, by P. Decker, Architect. London (1759).

DEETJEN 1926: Werner Deetjen: Schloss Belvedere. Leipzig o. J. (1926).

DONATH 2017: Matthias Donath: Das Rittergut Jahna in Niederjahna, in: Sächsische Heimatblätter. 64/2017/4, S.353-376.

DONATH 2017-2: Medium of Communication or Reaffirmation? The Emblematic Ceiling of Niederjahna Manor, in: Ingrid Höpel/Simon McKeown: Emblems and Impact. Volume II. Von Zentren und Peripherie der Emblematic, Cambridge 2017.

EHRLICH 1978: Willi Ehrlich: Das Wittumspalais in Weimar. Weimar 1978 (7. Auflage).

EPPERT 2013: Anja Eppert: Der Röhrsdorfer Grund. Auf den Spuren einer der ältesten landschaftlichen Anlagen Sachsens. Mitteilungen der Pückler Gesellschaft. Heft 7–Neue Folge. Berlin 2013, S. 13-52.

FINDEISEN 1938: Kurt Arnold Findeisen: Das chinesische Tempelchen. In: Dresdener Nachrichten vom 24. 12. 1938.

FISCHER 1938: Marie L. M. Fischer: Der Schloßgarten zu Hildburghausen. In: Jahrbuch des Hennebergisch-fränkischen Geschichtsverein 1937/39. Meiningen 1938, S. 99.

FRANCISCI 1668: Erasmus Francisci: Ost- und West-Indischer wie auch Sinesische Lust- und Staats-Garten/.../ Teil 1. Nürnberg 1668.

FÜRST/RICHTER 2019: Der Garten am Naundörfchen. Von Johann Zacharias Richter bis Wilhelm Gerhard, in: Nadja Horsch, Simone Tübbecke (Hg.): Bürger. Gärten. Promenaden. Leipziger Gartenkultur im 18. und 19. Jahrhundert. Leipzig 2019, (2. erw. Aufl.), S.126-138.

GANßAUGE 1928: Gottfried Ganßauge: Das Schloß Pillnitz als Beispiel für den chinesischen Einfluß auf die Baukunst Europas im 18. Jahrhundert. In: Neues Archiv für Sächsische Geschichte und Altertumskunde. 49 (1928) 1., S. 59-77.

GEESE 1935: Walter Geese: Gottlieb Martin Klauer. Der Bildhauer Goethes, Leipzig o. J. (1935).

GOTHEIN 1926: Marie Luise Gothein: Geschichte der Gartenkunst. Bd. 2., Jena 1926 (unveränderte Nachdruck).

GROHMANN 1796–1799: Johann Gottfried Grohmann (Hg.): Ideenmagazin für Liebhaber von Gärten, englischen Anlagen und für Besitzer von Landgütern, Hefte 1-24, Leipzig 1796–1799.

GURLITT 1901: Cornelius Gurlitt: Beschreibende Darstellung der älteren Bau- und Kunstdenkmäler des Königreichs Sachsen. 22. Heft: Stadt Dresden (II. Theil). Dresden 1901.

GURLITT 1904: Cornelius Gurlitt: Beschreibende Darstellung der älteren Bau- und Kunstdenkmäler des Königreichs Sachsen. 26. Heft: Amtshauptmanschaft Dresden-Neustadt (Land). Dresden 1904.

GURLITT 1914: Cornelius Gurlitt: Beschreibende Darstellung der älteren Bau- und Kunstdenkmäler des Königreichs Sachsen. 37. Heft: Amtshauptmanschaft Großenhain (Land). Dresden 1914.

HALFPENNY 1750/52: William and John Halfpenny: New Designs for Chinese Temples, Triumphal Arches, Garden Seats, Palings etc., London 1750–1752.

HALLINGER 1996: Johannes Franz Hallinger: Das Ende der Chinoiserie. Die Auflösung eines Phänomens der Kunst in der Zeit der Aufklärung. München 1996 (zugleich Diss. phil. München 1996).

HARTMANN 1981: Hans-Günther Hartmann: Pillnitz. Schloß, Park und Dorf. Weimar 1981.

HARTMANN 1990: Hans-Günther Hartmann: Moritzburg. Schloss und Umgebung in Geschichte und Gegenwart. Weimar 1990 (2. Aufl.).

HASCHE 1783: Hasche: Umständliche Beschreibung Dresdens. 1783.

HASSE 1804: Friedrich August Hasse: Dresden und die umliegende Gegend bis Elsterwerda, Bautzen, Herrnhut, Rumburg, Aussig, Töplitz, Freyberg und Hubertusburg. Eine Darstellung für Natur- und Kunstfreunde. Erster Theil. Dresden 1804 (2. Aufl.).

HAUCK 1926: Richard Hauck: Richters Garten in Schneeberg, in: Bade- und Kurzeitung für das Schlematal. Radiumbad Oberschlema. Nr. 51, 11. Dezember 1926, S. 1-2 (unpaginiert).

HERDER 18: Johann Gottfried Herder: Ideen zur Geschichte der Philosophie der Menschheit. 3. Teil. Riga, Leipzig 1790 (Erstausgabe bereits 1787).

HERTZIG 2015: Stefan Hertzig: Matthäus Daniel Pöppelmann und das Japanische Palais in Dresden, in: Elisabeth Tiller (Hg.): Bücherwelten – Raumwelten. Zirkulation von Wissen und Macht im Zeitalter des Barock. Köln, Weimar, Wien 2015, S. 273-293.

HIRSCHFELD 1771: Christian Cajus Lorenz Hirschfeld: Das Landleben. Leipzig 1771 (3. Aufl.).

HIRSCHFELD 1775: Christian Cay Lorenz Hirschfeld: Theorie der Gartenkunst. Bd. 1, Leipzig 1775.

HIRSCHFELD 1777: Christian Cay Lorenz Hirschfeld: Widerlegung des herrschenden Begriffs von den chinesischen Gärten. In: Gothaisches Magazin der Künste und Wissenschaften. F, 3. Gotha 1777, S. 245-258.

HOFFMANN 1963: Alfred Hoffmann: Der Landschaftsgarten. Bd. 3 von: Dieter Hennebo, Alfred Hoffmann: Geschichte der deutschen Gartenkunst. Hamburg 1963.

HOYER 2010: Thomas Hoyer: Tschifflick – die barocke Gartenanlage und ihre Geschichte, in: Charlotte Glück-Christmann (Hg.): Die Wiege der Könige. 600 Jahre Herzogtum Pfalz-Zweibrücken. Zweibrücken 2010, S. 157-162.

IDEENMAGAZIN 1796/1802: Ideenmagazin für Liebhaber von Gärten, Englischen Anlagen und für die Besitzer von Landgütern und Gärten... Unter Aufsicht von Joh. Gottfr. Grohmann, Professor der Philosophie zu Leipzig. 60 Hefte. Leipzig 1796 u. 1802.

JOHN 1999: Timo John: Die Wandbilder im roten Turm von Belvedere, in: Stiftung Weimarer Klassik (Hg.): Die Wandbilder Adam Friedrich Oesers im Roten Turm von Belvedere, Weimar 1999, S. 17-36.

KÄMPFER 1779: Engelbert Kämpfer: Geschichte und Beschreibung von Japan. Aus den Originalhandschriften des Verfassers herausgegeben von Christian Wilhelm Dohm. Zweiter und letzter Band. Lemgo 1779.

KEMPE 1979: Lothar Kempe: Schlösser und Gärten um Dresden, Leipzig 1979.

KIRCHER 1667: Athanasius Kircheri E Soc. Jesu: China Monumentis, qua Sacris qua Profanis, Nec non variis Naturae & Artis spectaculis, Aliarumque rerum memorabilium Argumentis Illustrata, ... , Amstelodami, 1667.

KIRCHER 1668: Athanasius Kircher: Toneel van China. Over veel Zo Geestelijke als Wereltlijke Geheugteken, Verscheide Vertoningen van de Natuur en Kunst, en Blijken van veel andere Gedenkwaerdige dingen, geopent en verheerlijkt. Nieuwelijks door d 'E. vader Athanasius Kircherus, Priester der Sociëteit Jesu, in 't Latijn beschreven en van J. H. Glazemaker vertaalt. Amsterdam 1668.

KLASSIK STIFTUNG WEIMAR O. J.: Klassik Stiftung Weimar (Hg.): Auf den Spuren der Herzogin Anna Amalia in Weimar, Weimar o. J.

KLEINES IDEEN-MAGAZIN O. J.: Kleines Ideen-Magazin für Gartenliebhaber, oder Sammlung von Ideen, die mit wenig Kosten auszuführen sind. Hrsg. von Johann Gottfried Grohmann, Professor der Philosophie zu Leipzig. Leipzig o.J.

KLINSKY 1799: Johann Gottfried Klinsky: Geschmackvolle Darstellung zur Verschönerung der Gärten und öffentlichen Plätze; ... Leipzig 1799 (Zweite verbesserte Auflage).

KOCH 1910: Hugo Koch: Sächsische Gartenkunst. Berlin 1910.

KÖTZSCHKE/KRETSCHMAR 1995: Rudolf Kötzschke, Hellmut Kretzschmar: Sächsische Geschichte. Augsburg 1995 (gering überarbeitete Neuauflage von 1935).

KRAFFT 1809: Jean Charles Krafft: Plans des plus beaux pittoresques de France, d'Angleterre et d'Allemagne, et des edifices, monumens, fabriques, etc. qui concurrent a leur embellissement, dans tous les genres d'architecture, tels que chinois, egyptien, anglois, arabe, moresque, etc. Dediea aux Architectea et aux Amateura, par J. Ch. Krafft, architecte, dessinateur. Paris 1809.

KRAUSE 1996: Katharina Krause: Die Maison de pleisance. Landhäuser in der Ile-de-France (1660-1730). München, Berlin 1996.

KRÜGER 1972: Renate Krüger: Das Zeitalter der Empfindsamkeit. Leipzig 1972.

KULTURBUND DER DDR 1985: Kulturbund der DDR, Bezirksleitung Suhl, Gesellschaft für Denkmalpflege (Hg.): Erhard Bansemer: Der Park Altenstein. Suhl 1985.

LEHMANN 1840: Carl Lehmann: Chronik der freien Bergstadt Schneeberg. Dritter Theil. Schneeberg 1840.

LEONHARDI 1799: Leonhardi: Beschreibung der Handelsstadt Leipzig. Leipzig 1799.

LE ROUGE 1774: Georges Louis Le Rouge: Jardins Anglo-Chinois. 21 Hefte. Paris 1774 ff.

LISSOK 2010: Michael Lissok: Chinoise Architekturen in Musterbüchern und ihre Wirkung auf die Gartenkunst, in: Dirk Welich (Hg.): China in Schloss und Garten. Chinoise Architekturen und Innenräume. Tagungsband. Dresden 2010, S. 48-57.

LOHMEYER 1937: Karl Lohmeyer: Südwestdeutsche Gärten des Barock und der Romantik. Saarbrücken 1937.

LÖFFLER1989: Fritz Löffler: Das alte Dresden. Leipzig 1989.

LOHFELDT/VOSS 1910: P. Lohfeldt, G. Voss: Bau- und Kunstdenkmäler Thüringens. Herzogthum Sachsen-Meinigen. 1. Bd. 2. Abteilung. Kreis Meiningen. Jena 1910.

LOOS 1826: Friedrich Loos: Lützschena mit einem Theil seiner Anlagen und Gartenverzierungen o.O., 1826.

LORENZ 1995: Hellmut Lorenz: The „Japanese Palace" in Dresden - A Special Case of Far Eastern Decoration in Central European Baroque Art.

In: Japan and Europe in Art History. C.I.H.A. Tokyo Colloquium 1994. Tokyo 1995, S. 309-339.

MAGIRIUS 1978: Heinrich Magirius: Zur Entstehungsgeschichte des Schlosses Pillnitz und seiner Fassadenbemalung. In: Institut für Denkmalpflege Arbeitsstelle Dresden (Hg.): Denkmale in Sachsen. Ihre Erhaltung und Pflege in den Bezirken Dresden, Karl-Marx-Stadt, Leipzig und Cottbus. Weimar 1978, S. 249-278.

MAGIRIUS 1989: Heinrich Magirius: Schloss Pillnitz. In: Harald Marx (Hg.): Matthäus Daniel Pöppelmann. Der Architekt des Dresdener Zwingers. Leipzig 1989, S. 207-213.

MARIE 1968: Alfred Marie: Naissance de Versailles. Le Chateau - Les Chardins. Volume II. Paris 1968.

MEISTER 1662: George Meister: Orientalisch-Indianischer Kunst- und Lustgärtner. Dresden 1692.

MENZHAUSEN 1965: Joachim Menzhausen: Am Hofe des Großmoguls. Der Hofstaat zu Dehli am Geburtstag des Großmoguls Aureng-Zeb. Kabinettstück von Johann Melchior Dinglinger, Hofjuwelier des Kurfürsten von Sachsen und Königs von Polen August II., genannt August der Starke. Leipzig 1965.

MINCKEWITZ 1893: A. von Minckwitz: Geschichte von Pillnitz vom Jahre 1403 an. Dresden 1893.

MONTANUS 1670: Arnoldus Montanus: Denckwürdige Gesandtschaften der Ost-Indischen Gesellschaft in den Vereinigten Niederländern an unterschiedliche Keyser von Japan: ...Amsterdam 1670.

MORITZ 1982: Ralf Moritz (Hg.): Konfuzius: Gespräche (Lun-Yu). Leipzig 1982 (RUB Bd.88)

NEIDHARDT 1976: Hans Joachim Neidhardt: Die Malerei der Romantik in Dresden. Leipzig 1976.

NEIDHARDT 1979: Hans Joachim Neidhardt: Schloss Pillnitz. Dresden 1979.

NEUMANN 1910: Carsten Neumann: Das Trianon de Porcelaine im Park von Versailles als erster chinoiser Bau in Europa, in: Dirk Welich (Hg.): China in Schloss und Garten. Chinoise Architekturen und Innenräume. Tagungsband. Dresden 2010, S. 75-81.

NEUMEISTER 2001: Sebastian Neumeister: Der königliche Übersetzer, in: Sächsische Schlösserverwaltung, Staatlicher Schlossbetrieb Schloss Weesenstein (Hg.): König Johann von Sachsen. Zwischen zwei Welten. Halle/Saale 2001, S. 141-145.

NIEHOF 1666: Joan Niehof: Het gezantschap der Neêrlandtsche Oost-Indische Compagnie, aan den grooten Tartarischen Cham, den tegenwoordigen keizer van China: waar in de gedenkwaerdighste geschiedenissen, die onder het reizen door de Sineesche landtschappen, Quantung, Kiangsi, Nanking, Xantung en Peking, en aan het keizerlijke hof te Peking, sedert den jare 1655 tot 1657 zijn voorgevallen, op het bondigste verhandelt worden ..., Amsterdam 1666, By Jacob van Meurs, boekverkooper en plaatsnijder.

NIEUHOF 1668: Johan Nieuhof: Die Gesantschaft der Oost-Indischen Geselschaft in den Vereinigten Niederlanden an den tartarischen Chan und nunmehr auch sinischen Keyser: verrichtet durch die Herren Peter de Gojern und Jacob Keisern. Amsterdam 1668, (lat. Ausgabe).

NOLHAC 1927: Pierre de Nolhac: Le Trianon de Porcelaine. In: Revue de l'art ancien et moderne. Paris. 52/1927, S. 129-140.

PAULUS 2003: Helmut-Eberhard Paulus (Hg.): Paradiese der Gartenkunst in Thüringen. Historische Gartenanlagen der Stiftung Thüringer Schlösser und Gärten. Regensburg 2005.

PEVSNER 1965: Nikolaus Pevsner: Möglichkeiten und Aspekte des Historismus. In: Historismus und bildende Kunst. Vorträge und Diskussion im Oktober 1963 in München und Schloss Anif. München 1965 (Studien zur Kunst des 19. Jahrhunderts. Bd. 1), S. 13-24.

RACKNITZ 1796: Josef Friedrich Freiherr von Racknitz: Darstellung und Geschichte des Geschmacks. 1796.

REICHEL 1995: Friedrich Reichel: Sächsische Chinoiserie-Kleinbauten. In: U. Reupert, T. Trajovits, W. Werner (Hg.): Denkmalkunde und Denkmalpflege. Wissen und Wirken. Festschrift für Heinrich Magirius zum 60. Geburtstag. Dresden 1995, S. 395-396.

REUSSMANN 1795: Johann Gottfried Reussmann: Lebensbeschreibung des Heiligen Römischen Reichs Grafen Friedrich Ludwig v. Solms zu Tecklenburg. Leipzig 1795.

RITSCHL 1880: Albert Ritschl: Geschichte des Pietismus in der Reformierten Kirche. Bonn 1880.

ROSE 1938: Ernst Rose: Die Romantik und China. In: Geistige Arbeit. Zeitschrift aus der wissenschaftlichen Welt. 5 / 1938 / 1

ROYET 2004: Véronique Royet u. a.: Georges Louis Le Rouge Jardins anglo-chinois. Paris 2004.

RÜHMANN 1968: Gerhard Rühlmann: Die Nadeln des Pharao. Ägyptische Obelisken und ihr Schicksal. Dresden 1968.

SCHEPERS 1980: Wolfgang Schepers: Hirschfelds Theorie der Gartenkunst 1779-1785. Worms 1980.

SCHLECHTE 1958: Horst Schlechte: Die Staatsreform in Kursachsen 1762-1763. Quellen zum kursächsischen Rétablissement nach dem siebenjährigen Kriege. Berlin 1958.

SCHLECHTE 1966: Horst Schlechte: Die Staatsreform in Sachsen in der ersten Hälfte des 19. Jahrhunderts. Eine Parallele zu den Steinschen Reformen in Preußen. Weimar 1966.

SCHMIDT 1906: Otto Eduard Schmidt: Kursächsische Streifzüge. Dritter Band. Leipzig 1906.

SCHMIDT 1931: Otto Eduard Schmidt: Fürst Otto Carl Friedrich von Schönburg und die Seinen. Familienleben und Kunstpflege im Zeitalter der Empfindsamkeit und der Romantik. Leipzig o. J. (1931).

SCHMIDT 1954: Otto Schmidt (Hrsg.): Reallexikon der deutschen Kunstgeschichte. Bd. 3. Stuttgart 1954.

SCHUMANN 1821: August Schumann: Vollständiges Staats-Post- und Zeitungs-Lexikon von Sachsen. Bd. 8. Zwickau 1821.

SPECK VON STERNBURG 1842: Ritter Max von Speck Freiherrn von Sternburg: Landwirthschaftliche Beschreibung des Rittergutes Lützschena bei Leipzig, mit seinen Gewerbszweigen. Leipzig 1842.

STIEGLITZ 1798: Christian Ludwig Stieglitz: Gemählde von Gärten im neuern Geschmack. Leipzig 1798.

STIFTUNG SCHLÖSSER UND GÄRTEN POTSDAM-SANCOUCI 1993: Stiftung Schlösser und Gärten Potsdam-Sanssouci (Hg.): Das Chinesische Haus im Park von Sanssouci. Berlin 1993.

THILO 1977: Thomas Thilo: Klassische chinesische Baukunst. Strukturprinzipien und soziale Funktion. Leipzig 1977.

THÜNGERTHAL 1992: Hans Thüngerthal: Bleicherode in alten Ansichten. Zaltbommel 1992.

TSCHARNER 1939: Ed. Horst von Tscharner. China in der deutschen Dichtung bis zur Klassik. München 1939.

VOGEL 1987: Gerd-Helge Vogel: Otto Carl Friedrich von Schönburgs Park „Greenfield“ zu Waldenburg. Ein Beispiel für die Nachfolge und Weiterentwicklung der landschaftsgärtnerischen Absichten des Dessau-Wörlitzer Gartenreiches. In: Staatliche Schlösser und Gärten Wörlitz, Oranienbaum, Luisium (Hg.): Friedrich Wilhelm von Erdmannsdorff 1736-1800. Leben, Werk, Wirkung. Wörlitz 1987, S. 225-235.

VOGEL 1996 A: Gerd-Helge Vogel: Konfuzianismus und chinoise Architekturen im Zeitalter der Aufklärung. In: Die Gartenkunst 8/1996/2, S. 188-212.

VOGEL 1996 B: Gerd-Helge Vogel: Kunst und Kultur um 1800 im Zwickauer Muldenland. Zwickau 1996.

VOGEL 2006: Gerd-Helge Vogel: The Pagoda: A Typical East-Asian Architectural Structure and Its Adaptation within European Garden Structures in 18th and 19th Century, in: Gao Jianping, Wang Keping (Hg.): Aesthetics and Culture. East and West. Bejing 2006, S. 162-207.

VOGEL 2010: Gerd-Helge Vogel: Die Anfänge chinoiser Architekturen in Deutschland: Prototypen und ihr soziokultureller Hintergrund, in: Dirk Welich (Hg.): China in Schloss und Garten. Chinoise Architekturen und Innenräume. Dresden 2010, S. 13-30.

VOGEL 2014: Gerd-Helge Vogel: Chinoise Architekturen in deutschen Gärten. Ein kleines Lexikon. Mitteilungen der Pückler Gesellschaft e. V. Berlin, Band 27 – Neue Folge. Berlin 2014.

VOGEL 2017: Gerd-Helge Vogel: Chinoise Architekturen, das antiklassische Element im Landschaftsgarten. Zu Funktion, Form und Farbe ostasiatischer Bauformen im Kontext von William Chambers „A Dissertation on Oriental Gardening", in: Peter Arlt (Hg.): Künstler, Kunstwerk und Gesellschaft. Gedenkveranstaltung für Peter H. Feist. 8. Dezember 2016. Sitzungsberichte Leibniz-Sozietät der Wissenschaften. Band 132, Jahrgang 2017, S. 47-72.

VOGEL 2019: Gerd-Helge Vogel: Von Abtnaundorf bis Wolkenburg. Adam Friedrich Oeser und die Kunst des anglo-chinoisen Gartens der Empfindsamkeit, in: Derselbe (Hg.): Adam Friedrich Oeser 1717-1799. Beiträge des 3. Internationalen Wolkenburger Symposiums zur Kunst. Berlin 2019, S. 39-114.

VOLTAIRE 1984: Voltaire: Abbé. Beichtkind. Cartesianer. Philosophisches Wörterbuch. Leipzig 1984 (4. veränderte Auflage), (RUB Bd. 107)

WALRAVENS 1987: Hartmut Walravens: China illustrata. Das europäische Chinaverständnis im Spiegel des 16. bis 18. Jahrhunderts. Weinheim 1987

WELICH 2010: Dirk Welich (Hg.): China in Schloss und Garten. Chinoise Architekturen und Innenräume. Tagungsband. Dresden 2010.

WELICH 2015: Dirk Welich: Schloss Pillnitz – ein chinoises Gesamtkunstwerk, in: Elisabeth Tiller (Hg.): Bücherwelten – Raumwelten. Zirkulation von Wissen und Macht im Zeitalter des Barock. Köln, Weimar, Wien 2015, S. 295-305.

WOHLFAHRT 1961: Dietrich Wohlfahrt: Schöne Türme Thüringer Dorfkirchen. Berlin 1961.

YAMADA 1935: Chisaburo Yamada: Die Chinamode des Spätbarock. Berlin 1935.

ZHANG 2010: Shengbing Zhang: Die Gestalt chinesischer Pagoden aus Sicht der Europäer in der frühen Neuzeit, in: Dirk Welich (Hg.): China in Schloss und Garten. Chinoise Architekturen und Innenräume. Dresden 2010, S. 69-72.

Abbildungsnachweis

1. Nicolas de Largillière (1656-1746): Porträt des französischen Aufklärers und Philosophen François-Marie Arouet (1694-1778), bekannt als Voltaire, 1724 oder 1725, Öl/Lw., 81 x 65 cm, Musée national du Chateau Versailles, Inv.-Nr. MV 8159 (Foto: wikimedia)
2. Adam Perelle (1640-1695): Vue en perspective de Trianon de Porcelaine du côté du Jardin (Ansicht von der Gartenseite), ca. 1680/84, Kupferstich, (Foto: wikimedia)
3. Abbildung von der Deckenmalerei in Gutshaus Jahna in Niederjahna (Foto: Matthias Donath)
4. Abbildung von der Deckenmalerei in Gutshaus Jahna in Niederjahna (Foto: Matthias Donath)
5. Abbildung von der Deckenmalerei in Gutshaus Jahna in Niederjahna (Foto: Matthias Donath)
6. Peter Schenck nach J. J. Müller: Parnass mit Pagode in Salzdahlum, um 1710, Kupferstich, (Foto: wikimedia gemeinfrei)
7. Chinesisches Zimmer im Westflügel des Dresdner Schlosses, Foto um 1920, (Foto: Alte Postkarte)
8. Louis de Silvestre (1675-1760): Portrait des sächsischen Kurfürsten und polnischen Königs August des Starken (1670-1733), 1723, Öl/Lw., 225 x 132 cm, Dresden, Gemäldegalerie Alte Meister, Gal. Nr. 3945 (Foto: wikimedia)
9. Louis de Silvestre (1675-1760): Porträt des sächsischen Kurfürsten Friedrich August II. und August III. als König von Polen (1696-1763), Öl/Lw., Schloss Moritzburg, (Foto: wikimedia)
10. Hyacinthe Rigaud (1659-1743): Porträt Ludwig XIV. im Krönungsornat, 1701, Öl/Lw., 277 x 194 cm, Paris, Louvre (Foto: public domain)
11. Adam Perelle (1640-1695): Vue en perspective de Trianon de Porcelaine et de ses parterres (Ansicht von der Hofseite), ca. 1680/84, Kupferstich, (Foto: wikimedia)
12. Caspar Netscher (1639-1684): Porträt der Madame de Montespan (?), 1670, Öl/Kupfer, Dresden, Staatl. Kunstsammlungen, Gemäldegalerie Alte Meister, Gal.-Nr. 1350 (Foto: public domain)
13. Der Porzellanturm zu Nanking, 1665, Kupferstich, aus: NIEHOF 1666 (Foto: wikipedia)
14. Ansicht von Lincing, 1668, Kupferstich, aus: NIEUHOF 1668, Privatbesitz, (Foto: GHV)
15. Johann Melchior Dinglinger (1664-1731): Der Hofstaat zu Dehli am Geburtstag des Großmoguls Aureng-Zeb, Tafelaufsatz, 1701-1708, Staatliche Kunstsammlungen Dresden, Grünes Gewölbe, (Foto: Hajatthu., wikimedia)

16. Jean François Duchesnois (1727-1729 in Zweibrücken tätig): Das Lustschloss Tschifflik des Königs Stanislaus Leszczynski von Polen bei Zweibrücken aus der Vogelperspektive, um 1730, Tusche und Sepia, aus: Album de dessins et de vues d´ architecture de Deux Ponts, um 1730, Plance 22, Bibliothèque municipale, Nancy, ms 310, Ville de Nancy (Repro aus: LOHMEYER 1937)
17. Jean François Duchesnois (1727-1729 in Zweibrücken tätig): Plan et perspective de Schifflique, um 1730, Tusche und Sepia, aus: Album de dessins et de vues d´ architecture de Deux Ponts, um 1730, Plance 22, Bibliothèque municipale, Nancy, ms 310, Ville de Nancy (Repro aus: LOHMEYER 1937)
18. Alexander Gläßer nach der Zeichnung von Bernhard Christoph Anckermann: Gartenansicht des Bergpalais (Hintere Facade von Palais, und vordere von Schießhauße), um 1730, Kupferstich, aus: Martin Engelbrecht (1684-1756): Architektonische Risse zu Schloss Pillnitz bei Dresden, Blatt 3, Augsburg um 1730, Staatliche Kunstsammlungen Dresden, Kupferstich-Kabinett (Foto: wikipedia, gemeinfrei)
19. Vermutlich Matthäus Daniel Pöppelmann (1662-1736): Der „Große Plan" von Pillnitz, Graphitzeichnung, um 1720, Dresden, SLUB (Repro aus: HARTMANN 1981)
20. Ansicht des Grundrisses vom Kaiserpalast in Peking, aus: NIEHOF 1666 (Foto: wikipedia gemeinfrei)
21. \`s Keijsers hof te Jedo (Der Kaiserpalast zu Tokio), 1670, Kupferstich, 250 x 320 mm (Platte), aus: Montanus 1670 (Foto: wikipedia)
22. Ansicht des Kaiserpalastes von Peking, 1665, Kupferstich, aus: NIEUHOF 1666 (Foto: wikipedia)
23. Ostasiatisches Gartenhaus (Voliere) im Schlosspark zu Hermsdorf bei Dresden (Foto: GHV)
24. Zacharias Longuelune (1669-1748): Japanisches Palais in Dresden am Neustädter Ufer, Schauseite nach dem Platze, Dachgestaltung von Matthias Daniel Pöppelmann (1662-1736), Aquarellierte Zeichnung, 1727-1728, Institut für Denkmalpflege Dresden (Repro aus: HARTMANN 1981)
25. Matthäus Daniel Pöppelmann (1662-1736): Entwurf für das Dach des Japanischen Palais in Meißner Kacheln, um 1730, aquarellierte Zeichnung
26. Chinesenhermen im Innenhof des Japanischen Palais zu Dresden (ausgeführt von Christian Kirchner (1731/32) und Matthias Oberschall (1732/33-1745), (Foto: GHV)
27. Moritz Bodenehr (1665-1749): Titelblatt zu: George Meister (1653-1713): Der Orientalisch-Indianische Kunst-, Lust-Gärtner, Dresden 1692, Kupferstich, (Foto: GHV)
28. Louis de Silvestre (1675-1760): Portrait Heinrich Graf von Brühl (1700-1763), ca. 1750, Öl/Lw., Warschau, Palastmuseum Warschau (Foto: wikimedia)

29. Anton Raphael Mengs (1728-1779): Porträt des Kurprinzen Friedrich Christian von Sachsen (1722-1763), 1751, Öl/Lw., 156 x 113 cm, Weesenstein, Schloss Weesenstein (Foto: wikimedia)
30. Anton Graff 1736-1813): Porträt des sächsischen Kurfürsten Friedrich August I. (1750-1827), 1795, Öl/Lw., 226 x 137 cm, Dresden, Gemäldegalerie Alte Meister, Gal.-Nr. 2165 (Foto: wikimedia)
31. François Guérin (1740-1795): Prinz Franz Xaver von Wettin, nach 1761, Öl/Lw., 96,3 x 83,5 cm, Dresde, Gemäldegalerie Alte Meister, Gal.-Nr. 99/55(Foto: wikimedia)
32. Antoine Pesne (1683-1757): Friedrich der Große als Kronprinz (1712-1786), 1739/40, Öl/Lw., 80,5 x 65 cm, Berlin, SMPK, Gemäldegalerie, Inv.-Nr. 489, (Foto: Library of Congress, Washington, public domain)
33. Johann Friedrich Nagel (1765-1825): Das Japanische Haus in Sanssouci, um 1790, Gouache, 220 x 313 mm, Potsdam, SSG, Plankammer, Inv.-Nr. GKII (5) 2287J (Foto: public domain)
34. Chinesischer Ruhesitz im Park von Zabeltitz, (Repro aus: GURLITT 1914, Abb. 561)
35. Das Fasanenschlösschen oder der Jappan in Moritzburg. (Foto: GHV)
36. C. D. Tiede: Der Jappan bei Moritzburg, Kupferstich, 125 x 250 mm, SKS Dresden, Kupferstichkabinett, (Foto: SLUB, Deutsche Fotothek)
37. Johann Christoph Malcke (1725-1777): Die Fasanerie beim Jagdschloss Moritzburg, ca. 1791, Öl/Lw., Berlin, Deutsches Historisches Museum (Foto: wikipedia)
38. Johann Heinrich Schmidt (1749-1829): Camillo Graf Marcolini (1739-1814), um 1780, Kreide auf Papier, (Foto: wikipedia)
39. a/b: Das Garnhaus im Garten der Moritzburger Fasanerie, alte Fotografien vor dessen Abriss (Foto: wikimedia)
40. Die Laterne bekrönende Chinesengruppe aus bemaltem Eichenholz auf dem Dach der Moritzburger Fasanerie, (Foto: wikimedia)
41. Johann Gottfried Büring (1723-nach 1788): Vergoldete Mandarinenfigur auf dem Dach des Chinesischen Teehauses in Potsdam-Sanssouci, (Foto: wikimedia, gemeinfrei)
42. Der Leuchtturm in den Anlagen der Fasanerie Moritzburg, (Foto: GHV)
43. Carl Benjamin Schwarz (1757-1813): Das Chinesische Lusthaus im Prinzlichen Garten zu Rheinsberg, um 1790, kolorierte Radierung, 238 x 336 mm, SPSG Potsdam, Plansammlung, Inv.-Nr. 9259
44. Johann Bernhard Fischer von Erlach (1656-1723): Der berühmte Sinesische Tempel nahe der Stadt Nanking samt seinen Vorhöfen, 1721, Kupferstich, aus: Entwürff Einer Historischen Architectur. In Abbildung unterschiedener berühmten Gebäude des Alterthums und fremder Völcker. ..., Drittes Buch, Wien 1721, TA XII.
45. Japanisches Teehaus im Schlosspark von Zwickau-Planitz, (Foto: GHV)

46. Chinesisches Gartenhäuschen in Herrnhut, Comeniusstraße 6 (Foto: GHV)
47. Friedrich Renatus Früauf (*1764): Ansicht auf Hennersdorf vom Kölbingschen Garten in Herrnhut, um 1800, Gouache, Heimatmuseum Herrnhut (Foto: Besitzer)
48. Chinesische Pagode im ehemaligen Richterschen Garten zu Schneeberg, (Foto: GHV)
49. Nach dem Entwurf von Karl Gottlieb Lück (†1776): Chinesenhaus, um 1765, Porzellan, (Ausführung Mitte 19. Jahrhundert in Nymphenburg), 34 x 23 cm, Auktion Kaupp 20.10.2018, Lot 3034
50. Grabbau des japanischen Kaisers in Nikko, aus: MONTANUS 1670
51. Unbekannter Künstler: Ansicht des ehemaligen Richterschen Gartens zu Schneeberg, um 1835, Gouache, Schneeberg, Museum für bergmännische Volkskunst. (Foto: Besitzer)
52. Anton Graff (1737-1813): Bildnis des Detlev Carl Graf von Einsiedel mit Johanniterkreuz und –mantel, um 1770, Öl/Lw., 84,5 x 64,5 cm, Limbach-Oberfrohna, Schloss Wolkenburg (Foto: wikimedia gemeinfrei)
53. Anton Graff (1737-1813): Bildnis des sächsischen Kammerherrn Georg Heinrich I. von Carlowitz, vermutlich 1772, 85 x 89 cm, verschollen (Foto: SLUB, Deutsche Fotothek, Hans Willy Schönbach, 1940/44)
54. Unbekannter Künstler: Bildnis von Friedrich Ludwig Graf zu Solms-Wildenfels und Tecklenburg (1708-1789), Landeshauptmann des Obererzgebirgischen Kreises, Kupferstich, aus: Johann Gottfried Reussmann (1730-1796): Lebensbeschreibung des Heiligen Römischen Reichs Grafen Friedrich Ludwig v. Solms. zu Tecklenburg. Leipzig 1795, Frontispiz (Foto: GHV)
55. Paul Decker: An Honorary Pagoda. 1759, Kupferstich, aus: DECKER 1759. (Foto: GHV)
56. Pagode von Sinkocien/Sinkicien (Changquing) in der Provinz Shandong, 1666, Kupferstich, aus: NIEHOF 1666 (Foto: public domain)
57. Chinesischer Kiosk im Dresdener Garten der ehemaligen Dinglingerschen Weinguts, einst in der Carolastraße 37 (Foto aus: GURLITT 1904, Fig. 93)
58. Francis Cotes (1726-1770): Bildnis des schottischen Architekten Sir William Chambers, 1764, Kreide auf Papier, 63,5 x 48,2 cm, Edinburgh, Scottish National Portrait Gallery (Foto: public domain)
59. Louis de Silvestre (1675-1760): Porträt der Friederike Alexandrine Gräfin von Moszinska/, Moszyńska 1730/40, (Foto: public domain)
60. Lageplan des Palais Moszyńska samt Garten an der heutigen Dresdner Bürgerwiese aus einem Dresdner Stadtplan von 1778, Foto: SLUB, Deutsche Fotothek (public domain)
61. Anton Graff (1737-1813): Porträt Christian Ludwig von Hagedorn, 1778, Öl/Lw., 64 x 52,5 cm, Leipzig, Universitätsbibliothek, Inv.-Nr. 1913, Nr. 481 (Foto: public domain)

62. William Chambers (1723-1796): Pavillons (Ting), Aufrisse, Taf. IV, aus: CHAMBERS 1757
63. Carl Benjamin Schwarz (1757-1813) nach J. B. Klein: Der Japanische Pavillon im Hermann'schen oder Richter'schen Garten in Leipzig, 1784, kolorierte Radierung, 97 x 152 mm, Stadtgeschichtliches Museum Leipzig, Inv.-Nr. S473/17 (Foto: public domain)
64. Anonym: Japanisches Haus im sonst Reichenbach'schen jetzt Gerhard'schen Garten in Leipzig, ca. 1830, Lithographie (Foto: GHV)
65. Japanischer Pavillon in Richters Garten kurz vor dem Abriss 1870, (Foto: Bertha Wehnert-Beckmann (1815-1901), Stadtgeschichtliches Museum Leipzig, Inv.-Nr. 339; public domain)
66. Adam Friedrich Oeser (1717-1799): Das Japanische Gartenhaus in Richters Garten zu Leipzig, Pinsel, Feder und Tusche in Grau und Braun auf braunem Papier, 187 x 217 mm, Staatliche Kunstsammlungen Dresden, Kupferstichkabinett, Inv.-Nr. C 1963-1082)
67. Johann Martin Bernigeroth (1713-1767) nach Adam Friedrich Oeser (1717-1799) nach Elias Gottlob Haussmann (1695-1774): Porträt Johann Zacharias Richter (1696-1764), nach 1764, Kupferstich (Foto: public domain)
68. Japanisches Häuschen oder Dohnascher Pavillon, (Foto aus: GURLITT 1901, Fig. 408)
69. Louis de Silvestre (1675-1760): Porträt von Johann Georg, Chevalier de Saxe (1704-1774), 1731, Öl/Lw., 142 x 114 cm, (Foto: public domain)
70. Anton Raphael Mengs (1728-1779): Porträt der Maria Antonia Walburgis von Bayern, verw. Kurfürstin von Sachsen (1724-1780), 1752, Öl/Lw., 155,5 x 112,5 cm, Staatliche Kunstsammlungen Dresden, Gemäldegalerie Alte Meister, Gal.-Nr. 2163 (Foto: public domain)
71. Chinesischer Gartenpavillon oder Drachentempel im Garten der Villa „Sorgenfrei" zu Radebeul, Augustusweg 48, (Foto: public domain)
72. Herbert König (1820-1876): Der Drachentempel von Haus „Sorgenfrei" in Radebeul, ca. 1866, vermutlich Kreide auf Papier, (Foto: wikimedia gemeinfrei)
73. Alte Ansicht vom Chinesischen Zimmer im Marcolini-Palais in Dresden Friedrichstadt, Alte Postkarte
74. Das Chinesische Zimmer im Marcolini-Palais in Dresden Friedrichstadt nach der Restaurierung (Foto: public domain)
75. Karl Christian Kehrer (1755-1833): Bildnis Christian Konrad Wilhelm von Dohm, 1795, Öl/Lw., Halberstadt, Gleimhaus, (Foto: public domain)
76. Christian Traugott Weinlig (1739-1799): Entwurf zu einem neuen Schloss in Pillnitz. Querschnitt durch den Hof. Farbiger Schauriss, 1783, Dresden, Landesamt für Denkmalpflege (Repro aus: HARTMANN 1981)

77. Das entwickelte Konsolensystem der chinesischen Dachkonstruktion des 11. bis 12. Jahrhunderts (Foto: Repro aus: THILO 1977, S. 59)
78. Gian Lorenzo Bernini (1598-1680): Elefanten-Obelisk in Rom vor der Kirche Santa Maria Sopra Minerva (Foto: GHV)
79. Christian Traugott Weinlig (739-1799) oder Johann Daniel Schade (1730-1798): Skizze zur Erweiterung des Pillnitzer Schlosses, um 1780, Federzeichnung, mit Sepia getönt, Dresden, Landesamt für Denkmalpflege (Repro aus: HARTMANN 1981)
80. Johann Daniel Schade (1730-1798): Entwurf für eine chinoises Palais in Pillnitz, Ansicht mit Grundriss, nach 1780, Zeichnung, farbig getönt, Dresden, Landesamt für Denkmalpflege (Repro aus: HARTMANN 1981)
81. Johann Daniel Schade (1730-1798): Entwurf für eine chinoises Palais in Pillnitz, Façade nach dem Garten, nach 1780, Zeichnung, farbig getönt, Dresden, Landesamt für Denkmalpflege (Repro aus: HARTMANN 1981)
82. Johann Daniel Schade (1730-1798): Entwurf für eine chinoises Palais in Pillnitz, Façade gegen die Elbe, nach 1780, Zeichnung, farbig getönt, Dresden, Landesamt für Denkmalpflege (Repro aus: HARTMANN 1981)
83. H. Schmidt nach Anton Graff (1736-1813): Bildnis Wilhelm Gottlieb Becker, Kupferstich, (Foto: public domain)
84. J.D. Heidenreich: Porträt Christian Cay Lorenz Hirschfeld (1742-1792), 1792, Kupferstich (Foto: public domain)
85. Anton Graff (1736-1813): Porträt von Johann Gottfried Herder, 1785, Öl/Lw, 52,2 x 42,5 cm, Halberstadt, Gleimhaus (Foto: public domain)
86. Franz Gareis (1775-1803): Porträt Friedrich Schlegel (1772-1829), 1801 (Foto: public domain)
87. Ludwig Rohbock nach Franz Hablitscheck (1834-1867): Der Große Garten in Dresden mit dem chinoisen Enten- oder Schwanenhaus, 1857/62, Stahlstich, 130 x 168 mm (Foto: GHV)
88. Chinoises Enten- oder Schwanenhaus im Großen Garten zu Dresden. Alte Postkarte (1927), (Foto: GHV)
89. Schwimmendes Schwanenhäuschen, aus: GROHMANN 1797, Zwölfter Heft, Tab. IV
90. J. S. Schmidt: Porträt von Johann Carl Friedrich Graf von Dallwitz (Schaffgotsch) (1742-1796), 1784, Kupferstich, (Foto: public domain)
91. Carl Christian Vogel von Vogelstein (1788-1868): Porträt Christian Friedrich Schuricht /1752-1832), 1813, Staatliche Kunstsammlungen Dresden, Kupferstichkabinett (Foto: public domain)
92. Karl Philipp Christian von Gontard (1731-1791): Das Drachenhaus in Potsdam-Sanssouci, erbaut 1769/70, (Foto: GHV)
93. Anton Graff (1737-1813): Porträt von Otto Carl Friedrich Fürst von

Schönburg-Stein/Waldenburg, um 1785/90, Öl/Lw., ehemals Schloss Hartenstein, Kriegsverlust, (Foto: Repro aus: SCHMIDT 1931, Taf. 24)

94. Christian Friedrich Schuricht (1753-1832): Entwurf zu einem Pavillon im chinesischen Geschmack, um 1790 (oder 1804?), sub. No. 3, aquarellierte Zeichnung, Dresden, Landesamt für Denkmalpflege
95. Christian Friedrich Schuricht (1753-1832): Entwurf zu einem Pavillon im chinesischen Geschmack, um 1790 (oder 1804?), sub. No. 4, aquarellierte Zeichnung, Dresden, Landesamt für Denkmalpflege
96. Der Chinesische Pavillon im Pillnitzer Schlosspark, (Foto: GHV)
97. William Chambers (1723-1796): Kaufmannshaus in Kanton, Taf. IX, aus: CHAMBERS 1757
98. William Chambers (1723-1796): Pavillon (Ting), Taf. II, aus: CHAMBERS 1757
99. William Chambers (1723-1796): Pavillon (Ting), Taf. III, fig. 2, aus: CHAMBERS 1757
100. William Chambers (1723-1796): Pavillons (Ting), Aufrisse, Taf. VI, fig. 2, aus: CHAMBERS 1757
101. William Chambers (1723-1796): Chinesischer Pavillon im Wrest Park bei Flitwick (Foto: GHV)
102. Eine Brücke in echt Chinesischem Geschmack im Garten zu Eythra (?), 1798, altkolorierter Kupferstich, aus: Grohmann 1798, Heft 13, Tab. IX. (Foto: Universiätsbibliothek Heidelberg)
103. Johann Ludwig Giesel (1747-1814) nach William Alexander (1767-1816): Ausmalung des Chinesischen Pavillons in Pillnitz, Südseite (Foto: public domain)
104. Anton Graff (1736-1813): Porträt Joseph Friedrich von Racknitz, um 1770, Öl/Lw., 83 x 67 cm, Staatliche Kunstsammlungen Dresden, Gemäldegalerie Alte Meister, Gal.-Nr. 63 (Foto: public domain)
105. Johann Friedrich August Tischbein (2750-1812): Porträt Christian Ludwig Stieglitz, 1804, Öl/Lw., 73 x 58 cm, Leipzig, Stadtgeschichtliches Museum, „Stadtrichter Nr. 56“ (Foto: public domain)
106. Siegel nach Johann Adolf Darnstedt (1769-1844): Die chinesische Brücke, Kupferstich, aus: Christian Ludwig Stieglitz: Gemählde von Gärten im neuern Geschmack. Dargestellt von C. L. Stieglitz. Leipzig 1798, S. 16 (Foto: GHV)
107. Unbekannter Stecher: Das Wasserhaus (im Chinesischen Style), Kupferstich, aus: Christian Ludwig Stieglitz: Gemählde von Gärten im neuern Geschmack. Dargestellt von C. L. Stieglitz. Leipzig 1798, S. 108 (Foto: GHV)
108. Carl Friedrich Schäffer (1779-1837): Ein Pavillon im Styl der Chineser, 1798, Kupferstich, aus: Wilhelm Gottlieb Becker (Hg.): Neue Garten- und Landschaftsgebäude. Erste Lieferung, Leipzig 1798, Pl. 5a (Foto: GHV)

109. Carl Friedrich Schäffer (1779-1837): Zwei Brücken im chinesischen Styl, 1799, Kupferstich, aus: Wilhelm Gottlieb Becker (Hg.): Neue Garten- und Landschaftsgebäude. Vierte Lieferung, Leipzig 1799, Pl. 34 (Foto: GHV)
110. Charles Etienne Piere Motte (1785-1836) nach Henri Grevedon (1776-1860): Porträt Maximilian Speck von Sternburg (1776-1856), 1826, Lithographie (Foto: public domain)
111. Friedrich Loos (1797-1890): Ansicht vom Gartendamme auf die Badeinsel. 1826, Lithographie aus: Friedrich Loos: Lützschena mit einem Theil seiner Anlagen und Garten-Verzierungen gezeichnet und lithographiert von Friedrich Loos. o. O., 1826 (Foto: GHV)
112. Carl August Richter (1770-1848): Die Pillnitzer Schlossanlage um den Lustgarten mit Neuem Palais, 1825, Kolorierter Stich (Repro aus: HARTMANN 1981)
113. Das Neue Palais im Garten zu Dresden-Pillnitz (Foto: GHV)
114. Johann Ernst Heinsius (1731-1794) nach Johann Georg Ziesenis (1716-1776): Porträt der Anna Amalia Herzogin von Sachsen-Weimar-Eisenach, geb. Prinzessin von Braunschweig-Lüneburg (1739-1807), ca. 1769, Weimar, Herzogin Anna Amalia Bibliothek (Foto: public domain)
115. Anna Amalia Herzogin von Sachsen-Weimar-Eisenach (1739-1807): Garten am Wittumspalais mit chinesischem Pavillon (Ausschnitt), um 1785, aquarellierte Federzeichnung, (Repro aus: KLASSIK STIFTUNG WEIMAR O. J., S. 30)
116. Gottlieb Martin Klauer (1742-1801): Porträtbüste Adam Friedrich Oeser, Gips, H. 49,7 cm, Leipzig Sammlung Kappenberg (Repro aus: GEESE 1935)
117. C. Brandt nach Adam Friedrich Oeser (1717-1799): Wandbild für den Chinesischen Pavillon (heute: Roter Turm von Belvedere), Chinesen mit einer Waage vor chinesischer Landschaft, um 1820, (Repro aus: JOHN 1999, Abb. 3)
118. Georg Oswald May (1738-1816): Porträt Johann Wolfgang Goethe, 1779, (Foto: public domain)
119. Johann Melchior Kraus (1737-1806) nach Johann Friedrich August Tischbein (1750-1812): Porträt Carl August Herzog von Sachsen-Weimar-Eisenach, 1796/97, Öl/Lw., Weimar, Goethe-Nationalmuseum, (Foto: public domain)
120. Pagode (Kohlenmagazin) auf der Insel des Küchteichs im Weimarer Schlosspark, (Repro aus: BURKHARDT 1907, S. 27)
121. Georg Melchior Kraus (1737-1806): An der Klause im Herzogl. Park bey Weimar (mit der Chinesischen Bogenbrücke im Hintergrund), 1788, Kolorierte Radierung
122. Die chinesische Gondel Anna Amalias auf dem Teich zu Belvedere,

(Repro aus: DEETJEN 1926, S. 31)

123. Carl Vogel (?): Bildnis Herzog Friedrich von Sachsen-Hildburghausen, ca. 1790, Pastell, Standort unbekannt (Foto: wikimedia)

124. Der Kirchturm zu Wenigenlupnitz mit chinoisem Dach (Foto: GHV)

125. Unbekannter Maler: Porträt des Herzogs Georg I. von Sachsen-Meiningen (1761-1803), ca. 1790, Öl/Lw., Meiningen, Schloss Elisabethenburg (Foto: public domäin)

126. Williard nach Gustav Täubert (1817-1913): Japanisches Häuschen bei Altenstein. Farblithographie, 108 x 147 mm, (Foto: GHV)

127. Unbekannter Künstler nach A. Schröder: Das chinesische Häuschen bei Schloss Altenstein, um 1870, Xylographie, 225 x 229 mm, (Foto: GHV)

128. Ferdinand Thierry († 1833): Rotunde im Park Altenstein. Kolorierte Zeichnung, Thüringisches Staatsarchiv Meiningen (Repro: PAULUS 2003, S. 53)

129. Chinesische Rotunde, aus: Grohmann, Kleines Ideenmagazin für Freunde schöner Gärten, Heft 6, Blatt 9, fig. e-f (Foto: GHV)

130. Vermutlich Jean-Étienne Liotard (1702-1789): Porträt der Wilhelmine von Preußen, Markgräfin von Brandenburg-Bayreuth, 1745, Pastell, (Foto: public domain)

131. G. Vogel nach Johann Gottfried Klöppel (1748-1798): Der Reigerfelsen, 1793, Kupferstich, (Foto: public domain)

132. Johann Gottfried Klöppel (1748-1798): Die Äolusgrotte zu Sanspareil, 1793, Kupferstich, (Foto: public domain)

133. Das Waldhaus „Japan“ in Bleicherode, Postkarte

134. a: Die Waldgaststätte Japan in Bleicherode (Foto: wikimedia); b: Blick in die Gaststätte des Waldhauses „Japan“ in Bleicherode mit den französischen Wandtapeten chinesischer Landschaften. Postkarte